M. Clairville, Paul Siraudin

Angot, die Tochter der Halle

Komische Oper in drei Akten

M. Clairville, Paul Siraudin

Angot, die Tochter der Halle
Komische Oper in drei Akten

ISBN/EAN: 9783743485099

Hergestellt in Europa, USA, Kanada, Australien, Japan

Cover: Foto ©ninafisch / pixelio.de

Manufactured and distributed by brebook publishing software (www.brebook.com)

M. Clairville, Paul Siraudin

Angot, die Tochter der Halle

Angot
die Tochter der Halle.

Komische Oper in drei Akten

von

Clairville, Siraudin und Koning.

Für das

k. k. priv. Carltheater in Wien

bearbeitet von

Anton Langer.

Musik von Ch. Lecocq.

Wien 1875.

Verlag der Wallishausser'schen k. k. Hof-Buchhandlung
Adolph W. Künast
I., Hoher Markt Nr. 1.

Den Bühnen gegenüber als Manuscript gedruckt.
Alle Rechte vorbehalten.

Personen.

Larivaudière.
Pompounet, Frijeur.
Ange Pitou, Volkssänger.
Mademoiselle Lange, Schauspielerin des Theaters Faydeau.
Clariette Angot, Blumenhändlerin.
Trenitz, Incroyable.
Louchard, Polizei-Agent.
Mlle. Ducondray,
Mlle. Cydalise,
Madame Herbelin,
Mlle. Delauny, } Freundinnen der Mademoiselle Lange.
Mlle. Thibaut,
Mlle. Bernier,
Mlle. Raynaud,
Mlle. Bellerose,
Cadet,
Buteux, } Männer der Halle.
Guillaume,
Amaranthe,
Javotte, } Damen der Halle.
Therese,
Grevin, Incroyable.
Babette, Clairette's Dienerin.
Gilbert, Kammerdiener der Mademoiselle Lange.
Hersilia, Dienerin der Mademoiselle Lange.
Incroyables.
Ein Hußaren-Offizier.
Ein Grenadier-Offizier.
Ein alter Herr.
Ein Wirth.
Ein Träger.
Männer und Frauen der Halle — Hußaren — Grenadiere — Verschworene — Herren und Damen — Volk beiderlei Geschlechts.
Ort der Handlung: Paris. — Zeit: Unter dem Directorium 1797

Erster Akt.

(Das Theater stellt einen kleinen Eckplatz des Markthallen-Vierecks vor. Die Häuser im Hintergrunde verschwinden fast unter Ankündigungen. Links vom Publikum ein Friseur-Laden mit dem Schilde: „Pomponnet, Perrückenmacher und Barbier." Rechts ein anderer Laden mit dem Schilde: „Clairette, Blumenhändlerin." — Beide Laden sind geschlossen; auf denselben kleben große Plakate: „Wegen Hochzeit geschlossen.")

Erste Scene.

Buteux, Cadet, Guillaume, Markthändler. **Javotte, Therese** u. andere Damen der Halle, alle im Sonntagsstaat. Hierauf **Pomponnet** dann **Babette**.

Einleitung: Die Hochzeit.

Chor. Arm in Arm, froher Schwarm,
 Also kamen
Arm in Arm, froher Schwarm,
 Wir zusammen.
Arm in Arm stehen wir
 Vor dem jungen Brautpaar hier.
Ja vor dem Brautpaar hier
 Steh'n Arm in Arm jetzt wir
Arm in Arm, froher Schwarm.

Alle Männer (ziehen sich links zum Friseur-Laden). Hollah! Pomponnet, Hollah!

Pomponnet (erscheint am Fenster). Bin schon da! Bin schon da!

Alle. Dem Bräutigam ein Hoch!

Pomponnet. Dank! Ich komm' den Augenblick (Verschwindet).

Buteux. Hat der es eilig!

Cadet (pfiffig lächelnd). Ha, ha, — das Glück!

Alle Weiber (sich rechts stellend, rufen:) Clairette, Clairette.

Babette (erscheint am Fenster).
    Sie stieg soeben aus dem Bette.

Alle Frauen.
    Wie? Was? Jetzt noch bei der Toilette?

Babette. Sie ist fertig ganz und gar,
    Nur der Brautkranz fehlt im Haar,

Die Frauen. Ist sie fertig ganz und gar,
    Flechtet schnell den Kranz ins Haar!

Die Männer. Ist sie fertig ganz und gar,
    So flechtet schnell den Kranz in's Haar!

Pomponnet (tritt auf, im Hochzeitsstaate, ein großes Bouquet im Rocke).

Den Kranz — Wie lange wird es denn noch sein,
Dann ist es mein, ganz mein, dies Kränzelein!

Couplet.

Glücklich ist, ihr lieben Leute,
Wer solch' Kränzlein finden kann,
Dürft's bewundern Alle heute,
Doch rühr' es mir Keiner an.
Erst, wenn wir allein, im Glücke,
Wenn das Recht dazu ich hab',
Nehm', im schönsten Augenblicke,
Ich der Braut das Kränzlein ab.

Der Gedanke,
Ohne Schranke,
Ich werd' gar
Noch ein Narr!

Ensemble.

Chor und Pomponnet.
Der Gedanke,
Ohne Schranke,
Ich werd' }
Er wird } gar
Noch ein Narr!

Babette (aus dem Hause tretend). Hier ist das junge Bräutchen.
Pomponnet. Ach! sie ist es!
Alle. Doch stille.

Zweite Scene.

Vorige. Clairette. Brautjungfern.

Chor. Schönheit und Jugendfülle,
Unschuld und Tugendhülle
Will man mehr?
Und so zu unserer Freude
In bräutlich schönem Kleide
Kommt sie daher.

(Während dieses Chores hält Clairette, langsam vortretend, die Augen wie eine Nonne zu Boden geschlagen).
Die Frauen. Komm', umarme Deine Mütter.
Die Männer. Komm', umarme Deine Väter.
Pomponnet.
Ihr zerdrückt mir's. (Für sich). Bin ich schlauch —?
(Zu Clairette). Mich umarme, so ist's Brauch.

Clairette (zurückweichend). Nein, denn Du zerdrückst mich ja auch!

Cadet. Ganz Recht! Marsch zur Seite!

(Dreht Pomponnet um sich herum).

Javotte. Nun denn, Clairette,
  Was sagst Du zu dieser Fête.

Clairette. Was soll ich sagen?

Die Frauen. Statt Dich zu zieren, geh' und rede!

Clairette. Ich weiß es nicht!

Romanze.

Clairette.

1.

Euch dank' ich Alles, ich, das Kind der Halle,
Ihr sagtet mir: „Jetzt nimmst du einen Mann!"
Weil Ihrs gewünscht, Ihr Väter, Mütter, Alle,
Nun denn, so hab' ich's in Gottesnam' gethan!
Doch weiß ich nicht, wozu das verpflichtet,
Ob's an Talent mir zur Frau nicht gebricht,
Wozu der Ehestand ward eingerichtet,
Was man da thut, na seht, — ich weiß es nicht.

Chor. Welch' eine Unschuld, ach wie rein.

Pomponnet (entzückt). Sie weiß von nichts! Der Schatz wird mein!

2.

Clairette.

Drei Jahre zählt' ich, da habt Ihr die Waise
Ins Institut zur Erziehung gegeb'n,
Doch lernte ich in keinem Wissenskreise
Der Gattin Pflicht, noch worin ihr Bestreb'n.
's soll ja viel' Freuden der Eh'stand bereiten,
Zwei Menschen, heißt's, macht er glücklich und froh,
Doch eh' wir Zwei zum Altare noch schreiten,
Möcht' ich doch wissen auch: Warum? Wie so?!

Chor und Pomponnet. Welch' eine Unschuld —
(wie oben).

Pomponnet. Nun kommt, laßt uns nicht länger weilen!

Cadet. Es ist zu früh noch in der That,
Wir brauchen uns nicht zu beeilen,
Versammelt ist noch nicht der Rath.

Pomponnet. Ach Gott! Für mich ist ja doch heut'
Schon die Minute Ewigkeit,
Geh'n wir halt langsam, liebe Leut',
Denn Hochzeit ist, d'rum d'höchste Zeit,
Daß wir auch geh'n, ich bin bereit.

Alle. So geh'n wir langsam, liebe Leut'!
Arm in Arm, unser Schwarm
u. s. w.

Dritte Scene.

Vorige. Amaranthe (Hallendame, aufgedonnert).

Amaranthe (stürzt herein). Haltet ein!

Pomponnet. Was gibts denn?

Amaranthe. Ein kleines Hinderniß, das sich Euerer Trauung in den Weg stellt, — wenigstens für den Augenblick. —

Alle. Ein Hinderniß?

Pomponnet. O Himmel! ich fall' um!

Amaranthe. Beruhigt Euch! In Clairetten's Gegenwart kann ich es Euch nicht gut auseinandersetzen. Wenn Ihr sie vielleicht auf einige Minuten entfernen könntet —

Pomponnet (zu Clairette). Geh' nur voraus mein Schatz und erwarte mich in Deinem Zimmer; ich komme sogleich Dich abzuholen.

Clairette. Wie Du willst. — Du siehst ich lerne schnell gehorchen! (Ab, gefolgt von Babette, in ihr Haus).

Vierte Scene.

Vorige, ohne Clairette und Babette.

Guillaume. Na also, was gibt's denn?
Alle. Red' doch! Heraus damit.
Buteux. Wir sind auf der Folter!
Pomponnet. Ich zittere vor Angst.
Amaranthe. Kinder, das haben wir schön gemacht!
Cadet. Aber „Was" haben wir denn schön gemacht?
Amaranthe. Hört mich, Ihr erinnert Euch doch Alle, wie Madame Angot, die Mutter unserer Clairette (Conduttansagerston) aus diesem Leben in ein besseres Jenseits abberufen wurdete, (natürlich) war sie arm wie eine Kirchenmaus, obwohl sie einst sehr reich gewesen war. Bei ihrem Tode aber hinterließ sie nichts, — als ein kleines Mädchen, das im Serail zu Constantinopel geboren war.
Alle. Na und —?
Amaranthe. Na und? na und? — Wir haben uns keinen Augenblick besonnen. Wir haben gesagt: Weil das arme Kind keinen Vater hat, hab'n wir g'sagt, (Alle rufen das „hab'n wir g'sagt" immer mit ihr zugleich und ahmen ihre Bewegungen nach) und weil's jetzt auch keine Mutter nicht hat, hab'n wir g'sagt, so soll es fortan das Kind der Halle sein, hab'n wir g'sagt, und wie wir das Alle g'sagt g'habt hab'n — seid Ihr Alle (zu den Männern) auf einmal Alle ihre Väter, und wir sind plötzlich Mütter geworden.
Therese. Das werden wir doch ohnehin wissen?
Guillaume. Wozu wärmst Du den alten Schmarrn auf?
Amaranthe. Um Euch zu beweisen, Ihr Tölpel, daß wir an jenem Tage eine große Dummheit begangen haben.

Alle. Eine Dummheit?

Amaranthe. Ja wohl. Es war nämlich kein Trauschein vorhanden, — deßhalb sind wir Alle mit einander zur Municipalität gegangen und haben vor der hohen Obrigkeit die Erklärung abgegeben, daß die kleine Clairette die Tochter des Herrn Angot und der Madame Angot ist.

Alle. Na also?!

Amaranthe (nachspottend). Na also?! Na also?! Das Mädel war aber erst drei Jahre alt und Herr Angot war schon fünf Jahre todt und begraben.

Alle (bestürzt). O verflixt!

Amaranthe. Auf das haben wir alle z'sammen sammt mit einander nicht gedacht, und riechen haben wir's ja nicht können. — Gestern kommt aber auf die Municipalität ein anonymes Schreiben, wo die ganze Remissori verzunden war. Man schlägt in der Registratur nach und findet richtig: Clairette ist in dieses Leben eingetreten, nachdem ihr Vater bereits z w e i J a h r e ausgetreten war.

Pomponnet. Auf diese Art ist ja meine Braut gar nicht die Tochter von ihrem Vater? Wessen Fräulein Tochter ist sie denn hernach?

Amaranthe. Madame Angot war damals im Serail zu Constantinopel, — vielleicht ist ihr Papa der Sultan.

Pomponnet. Meine Zukünftige ein Kind des Serails? Sie hat so was Serailiges, — da passen wir zusamm', — ich hab's auch sehr eilig. (Will ins Haus, man hält ihn zurück). Mein Schwiegerpapa, Pascha von mehreren Roßschweifen, — das paßt für einen Friseur, — da werden lauter Chignons b'raus gemacht.

Buteux. Aber was genirt denn das Alles den Maire?

Amaranthe. Ihn genirt's nicht, aber uns genirt's Allein, er sagt, wir müssen absolut einen andern Vater für sie auftreiben.
Alle. Oh!
Amaranthe. Vorausgesetzt, daß der Bräutigam damit einverstanden ist.
Pomponnet. Was geht denn das mich an; ich heirate ja nicht ihren Vater, sondern sie, diesen Engel, diese Perle, diesen Schatz — diese —
Guillaume (klopft ihn auf die Achsel). Darfst Dir was einbilden auf sie.
Javotte. Wir haben kein Geld gespart.
Cadet. Eine Erziehung hat sie bekommen wie eine Marquise.
Amaranthe. Wie eine Herzogin! In der ersten Pension von Paris war sie.
Therese. Deßhalb ist sie gebildet, belesen, bescheiden, unschuldig. —
Pomponnet. O nur zu unschuldig!
Javotte. Welcher Unterschied zwischen ihr und ihrer Mutter.
Pomponnet. So? — Aber da Ihr sie gekannt habt, diese famose Madame Angot, so sagt, ob denn auch Alles wahr ist, was man von ihr erzählt?
Amaranthe. Ob's wahr ist? Man hat ja ein Lied darauf gemacht. Hört zu! —

Couplet.
1.
Mit Fischen in der Halle
Saß sie, — dort war ihr Platz,
Wie liebten wir sie Alle,
Sie war ein herz'ger Schatz.
Und wollt' sie manchmal giften
Das P. T. Publikum,

Die Arme in den Hüften
Stritt sie sich dann herum. —
Ungeniret,
Ungezieret,
Immer lustig, keck und froh,
Niemals blöde,
Niemals spröde,
Also war Madame Angot.

Alle (die Bewegung Amaranthens nachahmend):
Ungenieret,
Ungezieret u. s. w.

2.

Einst stieg sie zum Vergnügen
Im Luftballon mit auf,
Sie nahm mit Wolkenzügen
Weit über's Meer den Lauf.
Als sie zur Erde kamen
Im fernen Malabar,
Da wollt' man sie verdammen
Zum Scheiterhaufen gar.
Schnell besonnen,
Zu entkommen,
Ihr ist's gleich, ob so, ob so,
Donner krachen,
Doch mit Lachen
Fährt davon Madame Angot.

Alle. Schnell besonnen,
Zu entkommen u. s. w.

3.

So reiste ungebunden
Sie in der Welt herum,
Doch bei den Türken unten
Fand sie den größten Ruhm.

Troß hundert fünfzig Frauen,
Der Sultan gab nicht Ruh,
That sich an ihr verschauen,
Warf ihr das Schnupftuch zu.
Ungenieret,
Ungezieret
Fing sie's auf ganz keck und froh,
That nicht spröde,
Und nicht blöde,
Also war Madame Angot.

Alle. Ungenieret,
Ungezieret
Fing sie's auf u. s. w.

Pomponnet. Was? Der Sultan hat 150 Frauen, und ich hab' nicht einmal eine? Heißt man das Gleichheit vor dem Gesetze? Augenblicklich zur Trauung. (Lärm hinter der Scene).

Buteux. Was gibt's denn?

Amaranthe. Ah da schau! Der Abenteurer Ange Pitou.

Guillaume. Ist ihnen der wieder aus dem Gefängniß ausgekommen?

Therese. Kommt er nicht immer wieder aus!

Cadet. 's ist wahr. Jede Woche packen sie den Bänkelsänger zusammen, sperren ihn ein und drei Tage darauf ist er wieder auf der Straße und singt seine Lieder.

Javotte. Und was für Lieder!

Amaranthe. Gegen das Directorium.

Pomponnet. Dadurch beleidigt der Kerl auch mich.

Mehrere. Wie so?

Pomponnet. Das will ich Euch gleich erklären. Wer regiert gegenwärtig Frankreich? Das Directorium, das heißt fünf Männer, von denen vier Nullen sind, der einzige Mann Barras. Also regiert Barras Frankreich. Herrn Barras regiert aber wieder die Schauspielerin Mademoiselle Lange — folglich regiert Mademoiselle Lange eigentlich Frankreich. Ich aber frisire Mademoiselle Lange, folglich —

Amaranthe. Folglich frisirst Du die Regierung!

Pomponnet. Richtig, und darum soll dieser Hansdampf von Ange Pitou keine Spottlieder auf meine Regierung machen. Und dann untersteht sich der Kerl, meiner Braut auf Tritt und Schritt nachzulaufen. (Neuer Lärm links).

Cadet. Nun, er wird erfahren, daß Clairette heute sich mit Dir vermählt. — Darüber, mein Junge, laß Dir keine grauen Haare wachsen, dafür sind wir da.

Die Frauen. Na, und wir erst!

Ange Pitou (von außen). Schön! schön! in einer Stunde auf dem Platze! wie es ausgemacht!

Fünfte Scene.
Vorige, Ange Pitou.

Buteux. Na, Junge, schon wieder heraus aus dem Arreste?

Pitou. Wie Ihr seht. Ei der tausend! die ganze Halle im Sonntagsstaat!?

Guillaume. Endlich werden Sie Dich doch einmal —
(Pantomime des Heulens).

Pitou. Niemals, Guillaume, niemals! Ich hab' es bereits zu meiner fünfzigsten Arretirung gebracht, es ist heute mein Jubiläum; — heute bin ich frei, — Abends werd' ich arretirt, — und morgen — morgen lassen sie mich wieder aus. — Doch warum seid Ihr denn Alle mit Blumen garnirt?

Amaranthe. Wir haben Hochzeit.

Pitou. Ah!

Buteux. Da stell' ich Dir den Bräutigam vor.

Pitou. Der! der Schafskopf Pomponnet.

Pomponnet (drohend). Bürger!

Pitou (mit höhnischer Verbeugung). Meine aufrichtigsten Glückwünsche.

Pomponnet. Die Glückwünsche werden angenommen, — der Schafskopf nicht.

Pitou. Ich nehme ihn zurück.

Pomponnet. Das ist Dein Glück!

Pitou. Und wen heiratet er denn?

Cadet. Unf're Tochter.

Amaranthe. Das Kind der Halle.

Alle. Clairette!

Pitou (bestürzt). Clairette! (Faßt sich). Also Clairette ist's? — (Verneigt sich vor Pomponnet). Ich wiederhole meine Glückwünsche.

Buteux. Und bei dieser Veranlassung, mein Junge, muß ich Dir auch gleich sagen, daß uns die Ehre unf'res Schwiegersohnes so kostbar ist, wie unf're eigene.

Cadet. Und wenn sich ein verliebter Tauber erfrechen sollte, Madame Pomponnet zu umgirren —

Guillaume (hebt die geballte Faust). So hat er's mit uns zu thun.

Alle Männer (erheben drohend die Fäuste). Mit uns Allen!

Pitou. Schön! Aber warum sagt Ihr just mir das?

Cadet. Damit Du Dir's hinter die Ohren schreibst. Und jetzt, Kinder, vorwärts!

Alle. Vorwärts!

(Wiederaufnahme des Refrains).

Ungenieret,
Ungezieret,
Immer lustig, keck und froh,
Niemals blöde,
Niemals spröde,
Also war Madame Angot. (Alle ab).

Sechste Scene.

Ange Pitou (allein). Oh! — Sie heiratet also; — trotz ihrer Schwüre, obgleich ich gedroht, mich zu tödten, wenn sie diesen Dümmling zum Mann nimmt, — nimmt sie ihn doch. — Nun denn, mag's sein. Gott sei Dank an Trösterinnen wird's mir nicht fehlen. Ein Beweis dafür ist dieses Billet, das mir eine alte Frau zugesteckt hat, als ich eben mein Gefängniß verließ. (Liest). „Bürger „Pitou! Finden Sie sich morgen um 4 Uhr auf Ihrem „gewöhnlichem Platze ein, gegenüber dem Haupt=Portal „von Saint=Germain l'Auxerrois. Die Person, die Ihnen „dies Billet einhändigt, wird Sie dort abholen. Folgen Sie „ihr, sobald Sie das Losungswort gesprochen:" „„Ich komme „„gesendet von Ihrem Schutzgeist."" (Voll freudiger Erwartung). Und mein Schutzgeist ist — eine Frau, gewiß jung und schön.

Rondeau.

Ach ja! Ich liebte sehr Clairette,
Doch werf' ich nicht das Leben hin,
Da eine andere Kokette
Sich bietet an als Trösterin.
Hier dies Billet, so fein manierlich,
Das mich zur Schäferstunde ruft,
Nur eine Dame schreibt so zierlich,
Besitzt Parfum von solchem Duft.

Ach ja! Ich liebte sehr Clairette,
Und würde ihr wohl untreu nicht,
Wenn sie zum Mann gewählt nicht hätte
Den Pomponnet, das Schafsgesicht.
Die mich beschützt, ist reich und mächtig,
Die Schönheit selbst ist eine Macht,
Und sie liebt mich, das trifft sich prächtig,
O wär'st du da schon, süße Nacht.

Ach ja! ich liebte sehr Clairette,
Sie aber brach der Treue Schwur,
Sie macht sich nichts daraus, ich wette,
Warum soll ich denn leiden nur?
Das Unbekannte reizt mich mächtig,
Dem Unbekannten zieht's mich zu,
Drum find' ich morgen wohlbedächtig
Mich pünktlich ein beim Rendezvous, ah —
Doch geb' ich noch nicht auf Clairette,
Denn die Kokette
In der Eh'
Ist noch pikanter als Clairette,
Wenn sie Madame Pomponnet!

(Während des Nachspiels tritt Clairette aus dem Hause).

Pitou. Was sehe ich?

Siebente Scene.
Ange Pitou, Clairette, Babette.

Clairette (zu Babette). Du hast mich verstanden? Bleib' auf der Lauer.

Babette. Aber Mamsell; — was fällt Ihnen ein?!

Clairette. Halte Dich dort unter den Pfeilern, und wenn Du sie zurückkommen siehst, so eile zu uns und melde es uns.

Babette (ganz erstaunt). Ei was! an ihrem Hochzeitstage, die fängt früh an! (Rückwärts ab).

Clairette (geht entschlossen auf Ange Pitou zu). Nun, — machen Sie mir kein Compliment über meine Toilette?

Pitou. Ah! — Das ist stark!

Clairette. Apropos, — ich kann Ihr neues Spottlied schon auswendig.

Pitou. Mein neues Lied?

Clairette. Ja, das, welches Sie mir gestern gegeben haben. O, es ist sehr boshaft.

Pitou. Um das handelt es sich jetzt nicht. Clairette, ich frage Sie, wie — wie kommen Sie in dieses hochzeitliche Kleid?

Clairette. Ganz einfach, weil meine Hochzeit gefeiert werden sollte.

Pitou (in anscheinender Verzweiflung). Sie vermählt?! oh! —

Clairette (legt ihre Hand auf die seine). Ich habe ein Mittel gefunden, die Trauung zu verschieben.

Pitou (erfreut). Sie ist verschoben?

Clairette. Ja, in Folge eines anonymen Billets das ich auf die Mairie schickte. Aber mein Plan ist nu zur Hälfte gelungen.

Pitou. Und dann —!

Clairette. Man muß etwas Anderes suchen.

Pitou. Das Einfachste wäre zu sagen, daß wir uns lieben.

Clairette (erstaunt). Aber bisher wollten Sie selbst dies nicht.

Pitou. Nun ja, ich wollte nicht, daß Sie von mir reden, der ich nichts bin, nichts habe; aber Sie, Sie könnten für Ihre Person sprechen, daß Sie diesen häßlichen Pomponnet nicht heiraten wollen —

Clairette. Häßlich?! — O, Pomponnet ist nicht häßlich, — er ist sogar sehr nett.

Pitou. Und das finden Sie?! —

Clairette. Außerdem habe ich bereits neunzehn Freier ausgeschlagen und meine Väter und Mütter sagen, Einer muß es einmal sein; es handle sich um mein Glück, meine Zukunft. Ich weiß mir nimmer zu rathen und zu helfen. Ach! wenn meine Mutter an meiner Stelle wäre.

Pitou. Madame Angot?

Clairette. Die wäre gewiß nicht in Verlegenheit gewesen.

2 *

Pitou. Was hätte sie thun können?
Clairette. Darüber sinne ich eben nach.
Pitou. Suchen wir's mit einander.

Duett.

Beide. Wenn wir uns Beide hier verbinden,
  Zu suchen einen Rettungsplan,
  Vielleicht gelingt es uns zu finden
  Den Ausweg aus der Drangsal dann!
Clairette. Ich könnte plötzlich wohl erkranken?
Pitou. Ach, gar zu blühend ist Dein Angesicht.
Clairette. Auf diese Art geht's also nicht.
Pitou. Und d'rum hinweg mit dem Gedanken.
Clairette.
  Nein, nein, nein, so geht's nicht, wie Schab',
  Madame Angot wüßt' Bess'res uns zu Rath.
    Beide.
  Madame Angot wüßt' Bess'res uns zu Rath.
Pitou (sehr ernst und finster).
  Halt! halt! ich habe was gefunden,
  Ich schlage Deinen Bräutigam todt.
Clairette. Entsetzlich.
Pitou.   Aus ist alle Noth,
  Wir werden ehelich verbunden.
  (Pitou will Clairette umarmen; Wechsel der Stellung).
Clairette.
  Nein, nein, nein, so geht's nicht, wie Schab',
  Madame Angot wüßt' Bess'res uns zu Rath.
Pitou. Nun also, sag' Herrn Pomponnet:
  Auf diese kleine Hand verzichte,
  Denn sonst erlebst du die Geschichte,
  Daß ich dich kröne — (Zeigt Hörner).

Clairette. Ne, ne, ne!
So was thut man, aber sagt es nicht.
Pitou. O weh! oh weh!
Ach höchst fatal ist die Geschicht!
Clairette.
Sei guten Muth's, laß' mich gewähren,
Man zwingt mich nicht, sein Weib zu sein,
Und sagt der Maire: Wenn diesen Herrn
Zum Manne wirklich Sie begehren,
Sprechen Sie „Ja" — dann schrei ich „Nein"!
Pitou. Wie? Du sagst Nein?
Clairette. Ja, ich sag' Nein!
Pitou. Ach so geliebt sich zu wissen!
Komm', holdes Kind, laß Dich küssen.

(Will Clairette umarmen. Wechsel der Stellung).

Clairette. Nein, das dürfet Ihr nicht wagen,
Ihr seht den Kranz ja doch mich tragen.
Pitou. Ach diesen Kranz mag ich nicht sehen,
Der soll nur welken und vergehen.
Clairette, einen Kuß für mich,
Oder vor Dir sterbe ich.
Clairette. Nein, ich will davon nichts wissen,
Lasse mich einmal nicht küssen,
Pitou, Du beleidigst mich,
Ach! was thust Du! bös bin ich.
Pitou. Ach! sich so geliebt zu wissen,
Komm', mein Kind, ich muß Dich küssen,
Gibst nicht einen Kuß für mich,
Sterbe Dir zu Füßen ich.

(Am Ende des Duettes, in dem Augenblicke, wo Ange Pitou Clairette küßt, erscheinen Laribaudière und Louchard im Hintergrunde. Die beiden Verliebten stoßen einen Schrei aus und entfliehen, Pitou links, Clairette ins Haus).

Achte Scene.

Larivaudière, Louchard (kommen langsam nach vorne).

Larivaudière. He! he! he! wir haben die Turtel=
tauben verscheucht.

Louchard (blickt in die Coulisse links). Wahrhaftig, ich
täusche mich nicht, — er ist's!

Larivaudière. Er? Wer?

Louchard. Der, von dem wir so viel redeten..
Ange Pitou.

Larivaudière. Der reaktionäre Bänkelsänger, der
uns verhöhnt. -- Er ist ihnen also abermals aus dem
Gefängniß entkommen?

Louchard. Was läßt sich thun? Es grenzt geradezu
an Zauberei. Vergebens verhaftet man ihn, führt ihn auf
die Polizei, vor's Gericht, steckt ihn ins Loch; entweder
die Richter sprechen ihn frei, oder sein Kerker öffnet sich
von selbst. Ich glaube, dieser Bursche ist der Teufel.

Larivaudière. Ja, der Teufel! Er wieder frei!
Sehr fatal! Sehr fatal!

Louchard. Aber warum thut man seinen Schand=
liedern die Ehre an, sie so sehr zu fürchten?

Larivaudière. Mit seinen reaktionären Spottliedern,
die er auf allen Straßen zum Besten gibt, hetzt er den
Pöbel der Halle und Märkte gegen das Directorium auf!
Daran läge mir im Grunde sehr wenig, allein durch einen
meiner Agenten, der ihn ausholen mußte, habe ich er=
fahren, daß der Kerl auch genau über die Beziehungen
unterrichtet ist, die ich — mit Mademoiselle Lange — —

Louchard. Das weiß er auch?!

Larivaudière. Haſt Du nicht ſelbſt geſagt, daß er der Teufel iſt? Wenn der Kerl nun ein Lied macht und ſingt, auf meine Liebeständelei mit der ſchönen Favoritin des allmächtigen Barras, ſo kann das einen Sturm über mein Haupt heraufbeſchwören.

Louchard. Teufel! Teufel! —

Larivaudière. Mein Plan war, ihn in ſeinem Arreſte in Petit-Châtelet aufzuſuchen. Ich hatte da ein Mittelchen gefunden, ihn zu gewinnen.

Louchard. Ein Mittelchen?

Larivaudière. Ja, Du weißt, daß ich bei meinen Geldunternehmungen und Finanz-Operationen den Dummkopf Lavoujon zum Nebenbuhler und Mitbewerber habe. Auf dieſen wollte ich die Spottſucht des Sängers Pitou ableiten.

Louchard. Nun und?

Larivaudière. Ich würde ſein Schweigen gut bezahlt haben, aber da er frei iſt —

Louchard. Ew. Gnaden haben Glück, — Ange Pitou kommt wieder hierher!

Larivaudière. Laß' uns allein, aber entferne Dich nicht zu weit! Wenn er trotz meiner Anerbietungen darauf beſtehen ſollte, Lieder auf mich zu ſingen —

Louchard. Dann arretiren wir ihn abermals, damit er morgen abermals frei iſt. Unterthänigſter. (Zieht ſich zurück).

Neunte Scene.

Ange Pitou. Larivaudière.

Pitou (tritt in dem Momente ein, wo Louchard abgeht). Na, endlich gehen ſie auseinander.

Larivaudière (für ſich). Teufel! Wie red' ich ihn denn an?

Pitou (für ſich). Mir ſcheint, der Alte will ſich noch nicht trollen?

Larivaudière (für sich). Ah pah! mit Geld geht Alles? — (Geht auf ihn zu). Habe ich nicht die Ehre, den berühmten Volkssänger Ange Pitou vor mir zu sehen?

Pitou. Ja, Bürger, die Ehre haben Sie.

Larivaudière (lächelnd). Genehmigen Sie meinen Glückwunsch. In hohem Grade achte ich Ihr Talent und theile Ihre politische Gesinnung.

Pitou. Ah! Und woher kennen Sie meine politische Gesinnung?

Larivaudière. Aus Ihren Liedern!

Pitou (mit frivoler Ironie). Puh!

Larivaudière. Ihre Lieder sind bewunderungswürdig!

Pitou. Sehr schmeichelhaft!

Larivaudière. Sich über bürgerliche Flachköpfe lustig machen, Mißbräuche zu brandmarken, das ist gut, das ist schön, das ist brav! Apropos, ich könnte Ihnen gleich einen Stoff zu einem solchen Liede geben.

Pitou. An Stoff fehlt's unter dieser Regierung nicht.

Larivaudière (vertraulich). Haben Sie schon was gehört von der neuen Liebschaft der Favoritin Mademoiselle Lange mit dem Finanzpächter Lavoujon?

Pitou. Glauben Sie, daß was daran ist?

Larivaudière. Ja wohl, ich kenne die ganze Intrigue, und wenn Sie ein Liedchen darauf machen wollten —

Pitou. Ist bereits fertig.

Larivaudière. Wie? schon fertig?

Pitou. Vor meiner letzten Arretirung hab' ich's gemacht, heute werde ich's singen und rechne darauf, arretirt zu werden.

Larivaudière. Also wirklich schon fertig?

Pitou. Ja — aber in einem Punkte stimmen wir nicht überein, Bürger, Sie sagen, der Liebhaber sei der Schwachkopf Lavoujon, ich sage Ihnen, 's ist der Spitzbube Larivaudière.

Larivaudière. Was? Sie unterstehen sich --?

Pitou. O, ich bin zu gut unterrichtet. Mademoiselle Lange, die Schauspielerin des Theaters Faydeau, ist für den Augenblick die Favoritin des Herrn Barras und nebstbei auch — wie soll ich sagen, — der Schützling des Herrn Larivaudière.

Larivaudière (aufbrausend). Mein Herr —

Pitou (ruhig). Durch die Vermittlung von Mlle. Lange bekommt Larivaudière die National-Güter, welche Barras Herrn Lavoujon bereits versprochen hatte.

Larivaudière. Wissen Sie, mit wem Sie reden, mein Herr?

Pitou. Nein! Ich bin auch gar nicht neugierig!

Larivaudière. Ich bin Larivaudière!

Pitou. Larivaudière! darauf war ich nicht gefaßt.

Larivaudière. Freund! — sprechen wir aufrichtig! — Dienst um Gegendienst — was verlangt Ihr, wenn Ihr den Namen Larivaudière in Lavoujon umwandelt?

Pitou. Ich bin nicht käuflich.

Larivaudière. Ueberlegt's Euch. — Ich zahle gut und Niemand erfährt's.

Pitou (sich besinnend). Wenn ich Geld habe, kann ich Clairette heiraten, alle Hindernisse sind dann gehoben und sie wird dann meine Frau! — Aber ich mich verkaufen?

Larivaudière. Nun, Freund?

Pitou (entschlossen). Gut denn; zahlt 30,000 Francs und ich vertausche den Namen.

Larivaudière (außer sich). 30,000 Francs — ich falle um! Es ist ein Vermögen, — aber ich bin gerettet! — Was thu' ich? Könnt Ihr's nicht für 29.000 thun?

Pitou. Nicht einen Sous weniger als 30.000 — und heute noch muß ich das Geld haben.

Larivaudière. Nun denn, es sei! Hier eine Anweisung auf meine Kasse, — Ihr könnt das Geld noch heute holen lassen. — Also abgemacht!

Pitou. Abgemacht! — Ein Wort ein Mann.
Larivaudière (abgehend). 30.000 Francs. — Larivaudière — Ange Pitou — Ein Stück Geld — Abgemacht — Mir schwirrt's im Kopfe — Adieu! (Ab).

Zehnte Scene.

Ange Pitou, dann Babette.

Pitou (allein). Na, Herr Poet, weißt du, was du da gethan hast? Du hast deine Feder, deine Gedanken verkauft. — Pfui! Aber was ist denn Unrechtes dabei? Larivaudière ist ein Schurke, Lavoujon ist auch einer. Mein ganzes Verbrechen besteht darin, daß ich einen Schurken statt des andern nenne. (Wendet sich um, da er Babette rufen hört).
Babette. Schnell fort! Die ganze Sippschaft kommt. Ah, Clairette nicht mehr da?
Pitou. Nein, — geh' nur hinein zu ihr in's Haus und sage ihr: Das Mittel, das wir gesucht, ich hab's gefunden.
Babette. Schön. Will's ausrichten. (Ab ins Haus).
Pitou. Sie kommen. — Muth! — und gleich gerade los auf's Ziel!

Eilfte Scene.

Ange Pitou, Cadet, Guillaume, Buteux, Amaranthe, Javotte, Therese, Pomponnet; später Clairette am Fenster.

Cadet. Macht's doch nicht so eilig, da wir noch eine Stunde vor uns haben.
Pomponnet. Bedenkt doch, daß meine Zukünftige ungeduldig werden muß, sie weiß nicht, was uns're Trauung aufhält und muß fürchten, daß ein unübersteigliches Hinderniß sie des Glückes und der Ehre beraubt, mir anzugehören.

Pitou. Na, wenn Sie sonst keine Furcht haben —!
Buteux. Ah! Du bist noch da?
Pitou. Ja, Papa Buteux, ich wartete auf Euch.
Mehrere. Auf uns?!
Pitou. Ja, ich habe mit Euch zu reden. Ohne Umschweife also! Hört mich an! Wenn Clairette diesen Herrn Pomponnet heiratet, den sie nicht ausstehen kann, so begeht sie Euch zu Liebe nur einen Act der Dankbarkeit, die sie Euch schuldet.
Pomponnet. Wa — wa — wa — was sagt er?!
Cadet. Still. (Zu Pitou). Und Du, Schlingel, rede weiter.
Clairette (erscheint am Fenster). Was für ein Mittel mag er wohl gefunden haben?
Pitou. Ihr sollt die Wahrheit wissen. Ich und Clairette lieben einander. (Allgemeines Erstaunen).
Clairette (für sich). Er hat den Muth es zu sagen?
Pitou. Wenn ich's bis jetzt vor Euch geheim hielt, so geschah es meiner Armuth wegen; aber die Zeiten ändern sich, ich bin jetzt reich.
Alle (höchst erstaunt). Reich?
Clairette (für sich). Was sagt er?!
Pitou. Ja, meine Freunde, — ich besitze ein Vermögen von dreißig Tausend Francs!
Alle. Dreißig Tausend?!
Pitou. Was könnt Ihr also Gescheidteres thun, als den guten Pomponnet zu seinen andern Haubenstöcken zurückzuschicken und mich zum Gatten Euerer Tochter anzunehmen! —
Pomponnet (entrüstet). Sonst aber nichts!
Guillaume. Na nu frag' ich Euch, was sagt Ihr zu dieser Geschichte?
Amaranthe. Fünfzehn Jahre lang bin ich in der Halle und habe schon curiose Geschichten erlebt, sehr curiose, aber diese ist die curioseste von allen.

Javotte (klopft Piton derb auf die Achsel). Nehmen wir an, Clairette sei in Dich verliebt —
Pomponnet. Muß sehr bitten —
Javotte. 's ist nicht so, aber positus, nehmen wir's an.
Alle. Ja, positus, nehmen wir's an.
Javotte. Dann sag' uns: Wo bist Du her? Wer bist Du? Was betreibst Du? Weißt Du's?
Piton. Ach! wer weiß das überhaupt! Wer ich bin? Je nun, ein Mann. Woher ich stamme? Aus der fernen Bretagne, wo ich erzogen ward. Was ich treibe? Ich mache mein Glück, — denn gestern war ich arm und heute hab' ich Geld.
Therese. Aber wo — wo — woher hast Du dieses Geld?
Piton. Für ein Lied hab' ich's bekommen.
Amaranthe (ungläubig). 30.000 Francs für ein Lied?
Alle (ebenso). Für ein Lied!!
Amaranthe. Du hältst uns wohl für nicht richtig im Kopf?
Piton. Ich schwör es Euch —
Cadet. Und wenn's so ist, — glaubst Du, daß wir uns're Tochter eben so verkaufen, wie Du Dein Lied?
Piton. Aber wenn ich Euch sage, daß sie mich liebt, und nicht diesen Pomponnet —
Pomponnet. Frechheit ohne Gleichen.
Cadet. Du sei still. Wir aber werden in die Geschichte schon Licht bringen.
Alle. Ja, wir müssen wissen, wie wir daran sind.
Cadet (zu Piton). Was Dich anbelangt, so merk' gut auf, was ich Dir sage: Wenn Clairette Dich wirklich liebt, so schlagen wir Dir alle Rippen ein.
Clairette (für sich). Was wär' mir das? (Verläßt das Fenster).
Buteux. Und wenn sie Dich nicht liebt, dann schlagen wir Dir noch mehr Rippen ein, weil Du gesagt hast, daß sie Dich liebt. (Gehen murrend und zankend rechts ab).

Pitou. Das hab' ich gut gemacht! Jetzt steh' ich frisch!

Pomponnet (geht der letzte ab, bleibt früher stehen, drohend). Ja, wenn sie Dich liebt —

Pitou (wendet sich um, mit geballten Fäusten). Tod und Teufel!

Pomponnet (retirirt). Ich nicht, ich nicht! (Auf der Thür=schwelle). Die Andern schlagen Dir die Rippen ein. (Verschwindet).

Zwölfte Scene.
Ange Pitou (allein).

(Erbittert). Ich dürfte das Geld gestohlen haben. „Du verkaufst deine Lieder", brüllen mir diese Tölpel entgegen. „Du glaubst, um's Geld kann man alles haben was man will?" — Habe ich's vielleicht nöthig, mir das Glück zu kaufen, während es sich ganz umsonst anbietet. Sie, die ich Undankbarer vergessen habe, meine unbekannte Beschützerin, meine hochherzige Wohlthäterin, sie verlangt keine 30.000 Francs von mir. Und jetzt soll ich singen, vielleicht Strophen zum Lobe Larivaudières. Pfui über mich!

(Geht mißmuthig nach rückwärts).

Dreizehnte Scene.
Ange Pitou. Volk in den grotesken Moden jener Zeit. Ein Stutzer, ein alter Herr.

Ein Incroyable (Stutzer) (am Gitter). Ah! da ist er ja! (Winkt den Andern). Hierher! Hierher!

Pitou. Ah, eben recht! — Da sind sie ja!

Ein alter Herr. Pünktlich beim Stelldichein! Bravo! Bravo!

Alle. Hoch Ange Pitou.

Pitou. Oho! Schreit Euch nicht heiser, ich habe nichts zu singen.

Alle (erstaunt). Nichts?
Pitou. Nein, gar nichts.
Der Stutzer. Und was ist's denn mit dem versprochenen Liede?
Pitou. Nicht fertig.
Alle. Geh' doch! mach' keine Umstände! singe! —
Pitou. Zum Henker, laßt mich ungeschoren. Rund heraus gesagt, daß Ihr's wißt, ich singe gar nicht mehr!
Alle. Was?
Pitou. Nie mehr! Aus ist's mit der Kunst.
Alle (erstaunt). Ah!

Finale.

Chor (Volk).
Gleich singe jetzt, Du gabst Dein Wort,
Wirst es nicht wagen,
Nein zu sagen
Wir gehen Keiner fort,
Gleich singe jetzt, Du gabst Dein Wort.

Vierzehnte Scene.

Vorige, Cadet, Guillaume, Buteux, Clairette, Amaranthe, Therese, Javotte, Pomponnet.

Die Leute der Halle.
Ihr Jungen und Ihr Alten,
Sagt schnelle was es gibt?
Chor (Volk).
Hier Pitou da will sein Wort nicht halten.
Die Leute der Halle.
Pitou, — ach! der belügt,
Verleumdet und betrügt.
Chor (Volk).
Nein, nein:
Er muß ein Feigling sein.

Ein Stutzer.
Er fürchtet, daß sein Lied
Ihn ins Gefängniß zieht.
Clairette (am Fenster für sich).
Fürwahr nicht schlecht, wenn dieses Lied
Uns Beide ins Gefängniß zieht.
(Verschwindet vom Fenster).
Chor (Volk).
Er hat es zugesagt, wir wollen unser Lied,
Des Wartens sind wir Alle jetzt schon müd'
Allgemeiner Chor.
Unser Lied,
Unser Lied!
Gleich singe jetzt, Du gabst Dein Wort.
u. s. w.
(Dringen auf ihn ein).
Clairette (stürzt sich mitten unter sie). Haltet ein!
Pomponnet. Was hälst Du auf den Streich?
Clairette.
Ich will, daß man sofort in Ruh' ihn lasse,
Sein Lied verlor er, ich fand's in der Straße,
Ich hab's gelernt, und sing' es Euch sogleich.
Pitou (für sich). Was sagt sie da?
Die Leute der Halle (ganz verdutzt).
Du, Du singst auf der Straße —
Pomponnet. Jetzt, wo der Maire schon unser harrt.
Cadet (ärgerlich zu Pomponnet).
Dies Mädchen mit den Unschuldsblicken,
Lernt Lieder hinter unser'm Rücken,
Sie singe denn, fang' an, ich wart'.
Die Leute der Halle und Volk.
Ja nun denn, laßt hören, was sie singt.
Alle. Wir hören zu.
Pitou (für sich). Ich zittre.
Clairette. Nun hört! Ob's gelingt.

Lied.

1.

Die Könige, die wir längst vertrieben,
Verpraßten einst, wie Jeder weiß,
Mit ihren Schranzen, ihren Lieben,
Maitressen ihres Volkes Schweiß,
Wir sind Republikaner heute,
Das Directorium macht uns frei;
Von Mamsell Lange nur sagen die Leute,
Daß sie Herrn Barras Liebste sei.
Als stolze Kön'gin ihm zu Seiten
Sieht man Mamsell Lange schreiten,
Ist das wohl werth um solchen Lohn
Zu stürzen einen alten Thron? —

Chor. Als stolze Kön'gin ihm zu Seiten u. s. w.

Um Frankreich gänzlich zu erschöpfen,
Bracht' mancher König Alles durch;
Heut' läßt uns Barras gründlich schröpfen,
Larivaudière heißt sein Chirurg.
Wenn's nicht gar so gefährlich wäre,
Spräch' laut man aus, was Jeder weiß,
Barras bezahlt Herrn Larivaudière
Mit unf'res Volkes Arbeitsfleiß,
So sind wir heut ihm unterthänig —
Herr Barras spielt eben den König,
Ist das wohl werth um solchen Lohn u. s. w.

Chor. So sind wir heut ihm unterthänig u. s. w.

Loudjard (mit 8 Mann Wache tritt, von Allen unbemerkt, auf).

3.

Maitressen frech und ungezogen,
Die haben einst, so saget man,

Die Könige gar arg betrogen,
Sprecht: Sind wir denn heute besser dran?
Herrscht denn jetzt wohl noch Zucht und Sitte?
Bei Mamsell Lange? O nimmermehr;
Hahn im Korbe der Favorite
Das ist und bleibt Larivaudière.
Er läßt das Geld in Strömen fließen,
Der Komödiantin Hand zu küßen!
Ist das wohl werth um solchen Lohn
Zu stürzen einen alten Thron.
Chor. Er läßt das Gold in Strömen fließen u. s. w.

Fünfzehnte Scene.
Vorige, Louchard mit Wache.

Louchard (hervortretend). Verhaftet dieses Weib!
Chor. O Gott!
Pitou. Verhaften? Nimmermehr!
  Denn höret; ich erkläre:
  Das Lied, es ist von mir.
Louchard (auf Clairette zeigend). Ergreifet diese hier.
Chor der Wache. Ergreifet diese hier.
Pomponnet. Daß todt ich lieber wäre!
Pitou. Mich ergreift allein!
Louchard. Gerechtigkeit muß sein!
  Nach dem Gesetz faßt sie allein.
Chor der Wache. Gerechtigkeit muß sein!
  Nach dem Gesetz trifft sie's allein.
Pomponnet. Ach! statt zu feiern 's Hochzeitsfest,
  Führt jetzt die Braut man in Arrest.

Allgemeiner Chor:
Louchard und die Wache.
  Wir gehorchen den Gesetzen,
  Nehmen mit die Sängerin,

    Will sich einer widersetzen,
    So marschirt er mit uns hin.
Die Leute der Halle und Pomponnet.
    Alle wollen auf wir hetzen,
    Schleppt man unser Kind   ⎫
Pomp. Schleppt man meine Braut   ⎬ dahin,
    Uns hier keck zu widersetzen,
    Ist der ganzen Halle Sinn.
Chor. Sich den Schnabel gut zu wetzen,
    Das verstand die Sängerin,
    Und wir wissen das zu schätzen,
    Denn das Lied hat Witz und Sinn.
Pitou. Wollet Euch nicht widersetzen!
    Wachen führen mich dahin,
    Weil nach unsern Strafgesetzen
    Ich allein nur der Schuldige bin.
Clairette. Was soll' ich mich widersetzen,
    's geht ja ganz nach meinem Sinn,
    Da ich vor den Hochzeits-Netzen,
    Nur im Kerker sicher bin.

(Während des Ensembles großer Tumult. Louchard zieht Clairette mit sich fort. Volk und Hallen-Leute wollen sich widersetzen. Die Wache fällt das Bajonnet gegen sie).

      Der Vorhang fällt.

Zweiter Akt.

(Salon à la grecque möblirt. Ottomane. Griechische Möbel. Seitenthüren Auf den Lüstern und Girandolen angezündete Kerzen).

Erste Scene.

Mademoiselle Lange, hie und da Gruppen, ein Dutzend Modedamen. Stutzerinnen in den übertriebensten Moden damaliger Zeit. Unter ihnen Mlle. Delauny, Cydalise, Mde. Herbelin. Mlle. Raynaud. In der Mitte des Theaters Larivaudière.

Chor der Modedamen.
Nein, es ist wirklich nicht zu glaub'n,
Was Sie sagten uns im Vertrau'n,
Unverschämt ist's auf Ehr', wie gesagt,
Die Regierung so sehr zu schraub'n,
Ihr den Rest ihres Ruf's zu raub'n,
Hat so dreist man wie jetzt nie gewagt.
Doch laß' man die Gegner gewähr'n,
Man braucht es ja nur nicht zu hör'n, —
Na, und wird's einmal doch zu stark,
Hat man Mittel und volle Kraft,
Sie zu treffen in's eigene Mark,
Indem Alle man bringt in Haft.

Nein, es ist nicht zu glaub'n,
Was Sie sagten uns im Vertrau'n,
Unverschämt ist's auf Ehr', wie gesagt,
Die Regierung so sehr zu schraub'n,
Ihr den Rest ihres Rufes zu raub'n u. s. w.

Larivaudière. Ja, meine Damen! So ist es wirklich geschehen, am helllichten Tag auf dem helllichten Platze vor der helllichten Markthalle, und das Mädchen, welches das Schandlied sang, trug den Brautkranz.

Delauny. 's ist unerhört.

Cydalise. Unglaublich!

Raynaud. Empörend!

Mad. Herbelin. Ein Skandal!

Alle. Ja, wirklich ein Skandal!

Lange. Ja, ja, das Alles ist's; allein thun Sie mir den Gefallen, von diesem Mädchen nicht mehr zu reden; ich hab' es bei Barras durchgesetzt, daß man diese Person heute in meine Soirée bringen wird.

Larivaudière (erstaunt). Sie, — Sie ziehen die Freche an sich, befreien Sie aus dem Gefängnisse?

Lange. Ja, ja, ja! Ich will von ihr selbst erfahren, welchen Grund sie hat, mich anzugreifen. Das Gefängniß ist stumm, die Gefangene wird reden. Doch lassen wir das. — Haben wir nicht von unserem geheimen Plan zu reden? Wann halten wir Versammlung? (Alles erhebt sich).

Delauny. Nun, ich denke doch, heute Nacht?

Lange. Heute Nacht?

Herbelin. Um Mitternacht kommen wir zusammen.

Alle. Ja, ja, — Mitternacht.

Lange. Wo denn?

Herbelin. Wo sonst, als hier!

Lange (sich erhebend). Bei mir? Und man setzt mich nicht einmal davon in Kenntniß?

Larivaudière (sich entschuldigend). Ich war beauftragt, en zu thun, allein die alberne Geschichte von diesem Morges ließ mich ganz darauf vergessen.

Lange. Aber warum muß es denn gerade bei m i r sein?

Larivaudière. Um weniger Verdacht zu erregen.

Cydalise. So ist's! Man weiß, daß Du die Freundin des Herrn Barras bist, und dieses abgelegene Haus in der Straße Clichy —

Lange. Um so weniger geht es. Sobald man merkt, daß in der Nacht alle unsere Freunde ihren Weg hierher nehmen, — so wird man — Ah! — halt! — ich habe eine Idee! Ich werde mein ganzes Haus beleuchten lassen, als ob hier Ball wäre.

Alle. Bravo! sehr gut!

Larivaudière. Man kann nie vorsichtig genug sein. Die Soldaten Angereau's, unsres wüthendsten Gegners, haben erfahren, daß unsere geheimen Freunde als Erkennungszeichen ein schwarzes Collet und eine blonde Perrücke tragen, und seit gestern machen sie Jagd auf uns...

Delauny. Ja, auf dem Boulevard stürzten sie sich auf Jeden, der so gekleidet war.

Cydalise. Und das sind die Helden von Egypten?!

Lange (mit der Fußspitze stampfend). O nur Geduld! nur Geduld!

Couplet.

Lange. Die Soldaten sind tapfere Helden.

Alle. Tapfere Helden!

Lange.
 Doch, mit Respekt zu melden,
 Sind wir viel stärker doch als sie.
  Wir bieten Trotz den Helden,
  Erliegen ihnen nie.

Dem Rosse gleich im edlen Rennbahnstreite,
Geht Angereau d'rauf los ganz fest,
Den Säbel an der Seite,
Den schleppend er stets rasseln läßt.
Wir, die mit seiner Macht nicht tauschen,
Wir rauschen nur mit seid'nen Schleppen dann und wann,
Doch richtet deren Rauschen
Oft größ'res Unheil an.
Alle. Die Soldaten sind tapfere Helden,
Tapfere Helden! u. s. w.

2.

Lange.
's gleicht unser Feind dem Siegesgotte,
Sein Ruhm strahlt hell erglänzend hier,
Er siegt bei Montenotte
Und auch bei Abukir.
Wir, ferne stets dem blut'gen Kriege,
Wir triumphiren nur bei heit'rer Feste Glanz,
Mehr werth sind uns're Siege,
Als je sein Lorbeerkranz.
Alle. Die Soldaten sind tapfere Helden u. s. w.

(Ein Diener tritt ein).
Diener. Der Bürger Trenitz!

Zweite Scene.

Vorige. Trenitz.

Alle (minaudirend). Ah! Da ist er ja! —
Larivaudière. Wenn er sich selbst angemeldet hätte, hätte er Tenitz gesagt, denn er kann das „r" nicht aussprechen.
Trenitz. (Er stößt mit der Zunge an und stottert manchmal, dabei macht er immer Tanzmeisterbewegungen). Sön guten Tag, sön guten Tag! Immer sind die Damen gleich sön, gleich

an—an—an—anbetungswü—wü—würdig! — Reizende Göttin dieses bezaubernden Au—au—aufenthalts, meine Hu—hu—huldigung. Larivaudière, — mein farmanter Freund, ich grü—grü—grüße Sie! (Macht ein Entrechat und springt Larivaudière auf den Fuß).

Larivaudière. Au!
Cydalise. Welche Grazie!
Alle. Bewundernswerth!
Delauny. Wie elastisch er emporschnellt!
Herbelin. Wie er auf die Erde springt.
Larivaudière (für sich). Auf die Erde? — Auf meinen Fuß sprang er!
Lange. Großer Gott!
Alle. Was denn?
Lange. Seht ihn nur an. Er trägt ein schwarzes Collet!
Delauny. Und eine blonde Perrücke! Unvorsichtiger!
Cydalise. Wie kann man nur so ausgehen?
Larivaudière. Wissen Sie denn nicht, daß die Soldaten Angereau's —
Trenitz. Wa — wa — was denn? Ich habe sie so eben gesehen, die Solda — da — daten Angereau's! Bin mitten durch sie durchgega — ga — ga — gangen, mit meiner blonden Perrücke und mit meinem swa — swa — swarzen Co — co — collet!
Alle. Mitten durch sie hindurch?
Trenitz. Ja, und habe sie dabei so sarf und sief angesehen und so geme — me — me — messen.
Larivaudière. Und Sie waren allein?
Trenitz. Ganz allein. (Zeigt seinen Stock). — Nur meine Executiv-Gewalt hatte ich bei mir. Denn dieses hier, der S — tock ist die einzige Ge — ge — gewalt, die allen Mensen Res — pekt einflö — flö — flößt.
Delauny. Ebenso tapfer, als liebenswürdig —.

Herbelin. Aber leichtsinnig! —
Trenitz. Leichtsi — si — si — sinnig nicht, aber lei — lei — leicht. (Springt in die Höhe).
Larivaudière (retirirt). Nein!

Dritte Scene.

Vorige, Hersilia, Pomponnet.

Hersilia (meldend). Bürgerin! Der Bürger Pomponnet ist da —
Lange. Ah! Pomponnet — mein Friseur, — was will der?
Pomponnet (ganz verstört). Madame! — will ich sagen — Bürgerin — Verzeihung, daß ich so spät komme, — aber was mir geschehen, — ich bitte um Verzeihung, — ich bin gelaufen —
Lange. Aber mein Gott! wie sehen Sie denn aus?
Larivaudière. Er ist ganz bleich!
Trenitz. Seine Ha — ha — haare s — träuben sich wie von einem S — tachel — Swein!
Cydalise. Sein Auge ist stier!
Alle. Reden Sie doch!
Pomponnet (confus). Ja, meine Damen, — ich bin stier und meine Augen sind bleich wie ein Stachelschwein, — wie — das heißt —
Lange. Fassen Sie sich.
Pomponnet. Ach! mir ist ein so großes Unglück widerfahren!
Lange. Welches denn?
Pomponnet. Ich wollte mich mit einem Engel trauen lassen, den ich anbete, —
Larivaudière. Und der Engel hat Ihnen Hörner aufgesetzt?

Pomponnet. Nein, — noch nicht. Aber in dem Momente, wo wir uns auf die Municipalität begeben wollen, wird meine Frau, — das heißt meine Braut, von einem dämonischen Schwindel befallen und — fängt zu singen an.
Lange. Was ist das Unrechtes?
Larivaudière. Ach! jetzt hab' ich's! — ich errathe! — Es war das ja —
Lange. Pardon! Erzählen Sie, oder erzählt Pomponnet?
Larivaudière. Ich, wenn Sie es wünschen —
Lange. Ich wünsche es aber nicht, fahren Sie fort, Pomponnet.
Pomponnet. O nein! ich — ich wage nicht, es Ihnen zu sagen, und doch sind Sie vielleicht die Einzige, welche —
Lange. Jenes Mädchen, das man auf der Straße verhaftet hat mit dem Brautkranz im Haare —
Pomponnet. Wie? Sie wissen? —
Lange. Es war Ihre Braut?
Pomponnet (auf die Kniee fallend). Gnade! Nicht für sie, für mich!
Lange. Ihre Braut erfrecht sich, die Regierung öffentlich anzugreifen und über mich Spottlieder zu singen?
Pomponnet (eifrig). Aus purer laut'rer Unschuld.
Lange. Das Spottlied, das sie sang, ich will es kennen lernen.
Pomponnet. Ja, denn sie muß dafür bestraft werden, das heißt, nicht sie, sondern er, der's gemacht hat.
Lange. Sie kennen ihn?
Pomponnet. Ob ich ihn kenne! 's ist ein Vagabund, ein Lump, Namens Ange Pitou.
Lange. Ange Pitou?
Alle. Er ist's?!

Larivaudière (für sich). Immer und immer wieder er! Merkwürdig ich zahle ihn, damit er nicht singt, und er läßt seine Standallieder durch junge Mädel singen, welche Bräute sind! Merkwürdig!

Pomponnet. Es war ein reiner Zufall. Meine Braut hatte das Lied auf der Gasse gefunden.

Lange. Und haben Sie dieses Lied?

Pomponnet. Ja wohl; nach ihrer Verhaftung betrat ich ihr jungfräuliches Kämmerlein, da fand ich das Lied.

Lange. Und wo ist es jetzt?

Pomponnet. Bei mir zu Hause, — gut versteckt.

Lange. Holen Sie es und bringen Sie mir's so schnell als möglich.

Pomponnet. Ihnen soll ich's bringen?

Lange (energisch). Ich befehl' es.

Pomponnet (die Hände faltend). Aber Sie werden der Sängerin verzeihen?

Lange. Das findet sich. — Zuerst das Lied.

Pomponnet. Ja, ich gehe — aber ich bitte Sie —

Lange. Eilen Sie doch!

Pomponnet. Ich eile. (Rasch wendend rennt er an Larivaudière an). Oh!

Larivaudière. Gehen Sie zum Teufel! (Wirft ihn an Trenitz).

Trenitz. Sie Söps! Sie Safskopf!

Pomponnet. Entschuldigen, — ich — (eilt fort). Empfehl' mich!

Lange. Der arme Junge.

Larivaudière. Ich hoffe, liebe Lange, daß Sie sich nicht schwach zeigen werden, sondern daß Sie —

Lange. Ich werde thun, was mir beliebt. Die Angelegenheit geht mich persönlich und ganz allein an. Um aber wieder auf unsere Staatsangelegenheit zu kommen. Man versammelt sich also um Mitternacht?

Trenitz. Ja, — man tritt ein durch die kleine Pfo — fo — forte des Pa — pa — parkes, ich habe Alles arranſirt, — die Verſwörung beginnt punkt zwö — zwölf.

Lange. Dann eilen Sie, denn eben hat's zehn Uhr geschlagen.

Trenitz. Ich fliege snell wie der Stu — u — urm= Wi — wi — wind! (Ab).

Lange (zu den Damen). Und nun, meine Herrschaften, machen Sie eine Promenade durch meinen Park. Sobald die Herren kommen, werde ich's Ihnen sofort zu wissen machen.

Die Damen (durcheinander). Sehr hübsch! famos! gehen wir! — Kommen Sie! (Alle ab).

Larivaudière (für sich). Warum besteht sie denn so hartnäckig darauf, uns fortzuschicken?

Lange (zu Larivaudière). Nun, — was machen denn Sie noch da?

Larivaudière. Je nun, — ich warte.

Lange. Ach! geben Sie doch Befehl, daß auch meine übrigen Salons um Mitternacht beleuchtet werden.

Larivaudière. Das hat ja keine Eile.

Lange (ungeduldig). Pardon, — aber ich bitte Sie, mich allein zu lassen.

Larivaudière. Wenn ich eifersüchtig wäre —

Lange. Seien Sie meinetwegen eifersüchtig, aber lassen Sie mich allein.

Larivaudière. Sehr wohl. Ich gehe, (tiefe Verbeugung) aber ich bleibe auf der Lauer. (Ab).

Vierte Scene.

Mlle. Lange (allein), dann Hersilia.

Lange. Um Mitternacht soll ich die Honneurs machen, und um elf Uhr erwarte ich Ange Pitou. Ich hätte ihn nicht hierher bestellen sollen. (Sinkt träumend in einen Fauteuil).

Hersilia (eintretend). Bürgerin, ein Polizei=Agent bittet vorgelassen zu werden, er ist in Begleitung eines Mäd= chens im Brautkleide.

Lange. Ach ja! richtig! — Laffen Sie das Mädchen eintreten, verstanden? Nur das Mädchen!
Hersilia. Treten Sie ein, Bürgerin. (Ab).

Fünfte Scene.
Mlle. Lange, Clairette.

Clairette (im Hintergrunde eintretend). Eine vornehme Dame? Ein Palais! Meine Gefangenschaft fängt drollig an.
Lange. Treten Sie näher.
Clairette. Da bin ich, Bürgerin.
Lange (sie erkennend). Himmel! — Das ist ja —
Clairette. Ah! Was seh' ich —
Lange. Clairette!
Clairette. Du bist's?!
Lange. Ist's möglich!
Clairette. Welcher Zufall!
Lange. Also Du bist diejenige, die auf offener Straße über mich Spottlieder singt?
Clairette. Ich?
Lange. Bist Du nicht deshalb verhaftet worden?
Clairette. Allerdings. Allein nicht über Dich sang ich mein Spottlied, sondern über Mademoiselle Lange.
Lange. Nun also! Die Lange bin ja ich!
Clairette. Du! In dem Institute, wo wir zusammen waren, hießest Du doch Henriette Jolivar.
Lange. Den Namen habe ich abgelegt. Lange ist mein Theater=Name. Aber nun sag' mir, theuere Clairette, warum sangst Du jenes Lied, und noch dazu im Hochzeits=Anzug?
Clairette. Ach! Das ist eine ganze Geschichte. Man wollte mich gegen meinen Willen verheiraten.
Lange. Mit Pomponnet?
Clairette. Du kennst ihn?

Lange. Er ist ja mein Friseur.
Clairette. Ach so! — Nun siehst Du, zum Manne wollte ich ihn nicht, und ausschlagen konnte ich seine Hand auch nicht. —
Lange. Warum denn nicht?
Clairette. Erstens gibt es einen weit interessanteren Mann, der mir lieber ist, als Pomponnet.
Lange. Ich verstehe.
Clairette. Und dieser junge Mann hatte geschworen, sich zu tödten, wenn ich mich vermählen würde.
Lange. Und das glaubtest Du, kindisches Wesen?
Clairette. O, wenn Du ihn kennen würdest. Er scheut vor nichts zurück. Und dann ist noch ein zweiter Grund da. Die Heirat war mir anbefohlen worden, von den wackern Leuten der Halle, die mich erziehen ließen.
Lange. Ach ja! Ich erinnere mich. Befinden sie sich wohl, Deine Herren Väter und Deine Frauen Mütter?
Clairette (komisch knixend). Dank' schön, 's geht Ihnen gut. Um also aus meiner Heiratsverlegenheit herauszukommen, gab es kein anderes Mittel, als — mich arretiren zu lassen.
Lange. Eine verrückte Idee.
Clairette. Wir hatten ja oft solch' originelle Ideen in unserem Institute.
Lange. Ach ja, damals waren wir kindisch, ausgelassen, unschuldig, — ich spreche von mir. Es war eine köstliche Zeit.

Duett.

Beide.
O Zeit der Kindheit, Zeit der Freude,
Noch sagten wir: Mama, Papa!
Noch tanzten wir im rosigen Kleide,
Ach warum bist Du nicht mehr da.

Lange.
Weißt Du noch, wie Du einst mir mitgetheilt,
Die Namen Deiner Eltern alle?
Da kaufte heimlich ich und unverweilt,
Mir die Geschichte Eurer Halle.

Clairette.
Den Fischmarkt-Katechismus dann
Studirten heimlich dann und wann
Wir mit höchst kindlichem Cynismus,
Die Reden weckten unf're Lust.

Lange.
Es war der einz'ge Katechismus,
Aus dem wir je etwas gewußt.

Beide.
O Zeit der Kindheit, Zeit der Freude u. f. w.

Lange.
Jetzt bin ich Künstlerin, bin mächtig,
Spottlieder singt man jetzt auf mich.

Clairette.
Es ist wahrhaftig niederträchtig,
Diejenige, die sang, war ich.

Lange.
Bin nicht bös, mein Schätzchen,
Doch in unf'rer Jugendzeit
Wär' zur Antwort ich, mein Kätzchen,
Nach unserer Mutterart bereit.
   (Stemmt die Arme in die Seite).
Schau die Hand Dir einmal an,
Und die Finger, die daran.
  Kommt da a Hitz
  In d'Fingerspitz,
Ballt sie sich zu einer Faust,
Und mit'n ersten Schlag, weißt gleich,
Morgen um Viere is Dein' Leich', —

D'rum jetzt nur g'rennt,
Mach's Testament,
Eh' noch die Faust herniedersaust.
Clairette.
Und ich, ich hätte Dir dann g'sagt:
(Stemmt die Arme in die Seite).
Bild'st Dir auf Dein G'sicht was ein?
Schau Dich in ein Spiegel h'nein,
Ich verwett' mein halbes Haus,
's schaut nur blos ein Aff' heraus,
Dieser Aff', o Gott, o mein,
Thut Dein ganzes Ebenbild sein.
Lange — Clairette (wiederholt).
Ja meiner Seel',
    Es ist fidel!
Clairette — Lange (wiederholt).
Na höflich ist es g'rade nicht,
Doch klingt sehr lustig die Geschicht.
Lange.
Hahaha! es ist zum Lachen,
Und es macht sich wahrlich gut,
Hahahaha! und solche Sachen
Lernten wir im Institut,
Freuten uns der schönen Tage,
Wenn wir trieben unser Spiel.
War'n so ferne aller Plage,
Unterhaltung war das Ziel.
Wie erglänzt so tugendreich
Uns ein jeder Jugendstreich.
Haha! ha! ha!
Man wird klüger ja,
Haha! ha! ha!
Ach wie lustig war es da!

Sechste Scene.

Vorige, Hersilia, dann Louchard.

Hersilia (eintretend). Bürgerin, ich habe Ihnen etwas zu melden.

Lange. Nun also?

Hersilia. Aber nur Ihnen allein.

Lange (auf sie zugehend). Was denn?

Hersilia. Eine alte Frau ist draußen mit einem jungen Manne.

Lange. Ach! mein Gott! daran dachte ich nicht mehr!

Clairette. Störe ich Dich?

Lange. Nein, jedoch —

Louchard (tritt ein). Verzeihung, Bürgerin, — ich komme, um meine Gefangene abzuholen.

Lange. Gehen Sie nur allein. Die Mamsell bleibt hier.

Louchard (überrascht). Hier?

Lange. Ja, ich bürge für dieselbe. Gehen Sie.

Louchard. Ich gehorche. (Verbeugt sich, im Abgehen:) Sonderbar! — Und im anstoßenden Salon steht der Volkssänger Ange Pitou! Ich werde herausbringen, wie der hierher kommt. (Ab).

Lange. Du, meine liebe Clairette, tritt einstweilen dort in mein Boudoir, und sei ganz ruhig, Du wirst Herrn Pomponnet nicht heiraten.

Clairette. O tausend Dank! (Rechts ab).

Lange (zu Hersilia). Laß' sie herein!

Hersilia. Die alte Frau und den jungen Mann?

Lange. Nein, den jungen Mann allein.

Hersilia. Wollen Sie eintreten. (Ab).

Siebente Scene.

Mlle. Lange, Ange Pitou.

Pitou (für sich). Aufgepaßt, Pitou! Du thust so, als ob du nur wegen Clairetten hier wärest, — um sie zu retten, — folglich —

Lange. Nur näher, mein Freund! Haben Sie keine Furcht.

Pitou. Ich habe nie Furcht.

Lange. Kennen Sie mich?

Pitou. Ich weiß, daß ich die Ehre habe, mich der gefeierten Künstlerin Mlle. Lange vorstellen zu dürfen.

Lange. Sie machen hübsche Lieder.

Pitou. Danke, denn Sie sind Kennerin.

Lange. Nach Ihren Liedern scheinen Sie auch Geist zu besitzen.

Pitou. Nun, — man hat so seine Tage.

Lange (legt ihre Hand auf die seine). Wie kann ein Mann von Geist mich in seinen Liedern wie einen bösen Dämon schildern?

Pitou (feurig ihre Hand erfassend). Weil dieser Mann von Geist, wie Sie ihn in falsch verstandener Güte nennen, ein Dummkopf ist, der nicht wußte, was er sagte.

Lange. Man thut immer Unrecht, ein Urtheil zu fällen, eh' man gehört, gesehen hat. Wenn ich mich zu Ihrer Beschützerin aufwarf, so geschah es, weil ich — Sie kannte.

Pitou. Sie kennen mich?

Lange. Seit ich Sie auf dem Platze Saint-Germain singen gehört habe.

Pitou. Das ist der einzige Platz, den ich occupire, und ohne bei dem Directorium darum angesucht zu haben.

Lange. Das Directorium hat Ihnen allerdings verschiedene andere Plätze angewiesen.

Angot, die Tochter der Halle. 4

Pitou (lustig). Ja, wahrhaftig. Seitdem wir die Freiheit haben, bin ich immer eingesperrt, im Petit-Châtelet, in der Halle aux Draps, im Chateau d'Eau, ich kenne alle Arreste.
Lange. O! Sie waren nie lange in Haft.
Pitou (weich, dankbar). Und das verdanke ich Ihnen!
Lange. Aber meine Macht hat ihre Grenzen. Na, kommen Sie, setzen Sie sich zu mir, wir wollen ein Bischen plaudern.
Pitou (für sich). Mich zu ihr setzen! — Clairette! Clairette! ich kann nichts dafür, wenn ich auf dich vergesse! (Setzt sich neben sie).
Lange (nachdem er sich gesetzt). So! Nun — schwatzen wir ein wenig über Politik!

Duett.

Lange. Wohlan, nun wollen wir politisiren.
Pitou. Wir reden über Politik?
Lange. Und warum nicht?
Pitou. Weil zwischen uns das jeden Reiz wohl dürft' verlieren.
Lange.
Ich möchte wissen wohl durch was
Ich mir erworben Ihren Haß?
Warum die Republik Sie schmähen?
Was that doch Ihnen nur zu Leid —
Das jetz'ge Regiment, welches heut
Durch mich Sie hier vertreten sehen.
Pitou.
Ach sagen Sie — doch so was nicht,
Mir treibt's das Blut in's Angesicht.
Wer kann dem Zauber widersteh'n,
Der mir aus diesen Augen lacht!
Lange.
Die Liebe schon bei ihm erwacht.

Pitou.
Wer sollte nicht bekehren sich.
Beide. Er muß {Dich, / mich} wohl verehren, ach!
Nachdem er einmal {Dich, / mich} gesehen!
Lange. Wohl, Sie geben mir die Hoffnung wieder,
Daß aller Zwist ist nun zerstreut,
Sie Schwärmer der Vergangenheit
Singen der Jetztzeit Lobeslieder.
Laßt sehen, was sie uns verspricht.
Pitou. Das alte Frankreich liebte mich,
Darf ich vom neuen — das wohl hoffen?
Lange.
Ja wohl, ich stehe dafür ein,
Sie werden ihm gewiß willkommen sein.
Es hält für Sie die Arme offen.
Pitou. Dann freilich wäre es sehr leicht,
Wenn die Regierung Ihnen gleicht.
Lange. Nun dann?
Pitou.
Wer kann dem Zauber widersteh'n,
Der mir aus diesen Augen lacht.
Lange. Die Liebe schon bei ihm erwacht.
Pitou. Wer soll nicht bekehren sich.
Beide. Er muß {Dich / mich} wohl verehren, ach!
Nachdem er einmal {Dich / mich} gesehen!
Hersilia (von außen an die Thüre klopfend). Bürgerin! Bürgerin!
Lange. Wer erlaubt sich? Herein!

Achte Scene.

Vorige, Hersilia, dann Clairette.

Hersilia. Um Gotteswillen, Bürgerin, nur ein paar Worte.

Lange. Was gibt's denn?

Hersilia (leise). Der Polizeiagent, der Ihnen das junge Mädchen zuführte, hat mit der alten Frau gesprochen, die den jungen Mann dort hierherbrachte. Dann rannte er in aller Hast zum Bürger Larivaudière und ich sah sie eben alle Beide durch den Haupthof hierher eilen. Der Bürger Larivaudière scheint wüthend.

Lange. Ich kann ihm den Eintritt nicht verweigern. — Was thue ich? Ha! (Oeffnet die Thüre rechts und ruft hinein). Clairette! Clairette!

Pitou (stutzend). Clairette?

Lange. Komm! geschwind! geschwind!

Clairette (eilt heraus). Da bin ich!

Pitou (erkennt sie). Ist's möglich!

Clairette (höchst erstaunt). Ha!

Lange (stutzend). Ihr kennt Euch?

Hersilia. Madame! — Sie sind schon da!

Lange. Um Gotteswillen, sagt zu Allem „Ja", was ich vorbringen werde, oder ich bin verloren.

Clairette, Pitou. Verloren?

Lange. Still!

Neunte Scene.

Vorige. Larivaudière. Louchard. Diener (bleiben draußen)

Larivaudière (zu den Dienern). Man besetze alle Ausgänge, laßt Niemand herein, Niemand hinaus!

Lange. Was soll das, mein Herr?

Larivaudière. Ah, Madame! Das sind saubere Geschichten!
Lange. Was denn für Geschichten?
Larivaudière. Sie fragen noch und ich finde hier — (erblickt Clairette). Was sehe ich?
Lange. Was sehen Sie denn? was finden Sie denn?
Larivaudière. Erklären Sie mir —
Lange. Nichts! gar nichts! An Ihnen ist's, mir zu erklären, was ein solches Hereinpoltern zu bedeuten hat?
Larivaudière. Wie? Sie wollen noch, daß ich — Gut! auch gut! Erfahren Sie denn, Madame, ich weiß Alles!
Lange. Ah!
Larivaudière. Ich weiß, daß Sie an diesen Herrn hier ein Billet=doux geschrieben haben.
Lange. Weiter!
Larivaudière. Daß Sie in diesen Herrn verliebt sind.
Clairette (bestürzt für sich). Wie?
Pitou (ebenso). O weh!
Larivaudière. Daß Sie ihn heimlich hierher bringen ließen, daß Sie uns Alle weggeschickt haben, um ihn unter vier Augen empfangen zu können.
Lange. Und dann?
Larivaudière (erstaunt). Dann? dann? dann? was denn dann noch?
Lange. Was wissen Sie denn noch?
Clairette (für sich). Sie vertheidigt sich nicht einmal!
Larivaudière. Ja, finden Sie denn, daß das nicht genug ist?
Lange. Sie sind ein alter Narr!
Larivaudière (poltert zurück). Was bin ich?
Lange. Ja, 's ist wahr, ich habe diesem Herrn ge= schrieben, — ja, 's ist wahr, ich habe ihn hierherführen lassen, weil sich hier dieses Mädchen, meine beste Freundin aus dem Pensionate, befindet. Monsieur Ange Pitou ist in

Mamsell Clairette eben so verliebt, wie Mamsell Clairette in Mr. Ange Pitou.

Quintett:
Larivaudière. Ha!
Louchard. Ha!
Larivaudière. Wie?
Louchard. Was?
Lange (zuerst allein).

Haben Sie gehört, ihretwegen
Befindet dieser Herr sich hier,
Wollen Sie sich das überlegen,
Statt zanken ohne Grund mit mir.

Ensemble:
Larivaudière.

Der Sänger kam nicht ihretwegen?
Macht sie sich einen Spaß mit mir?
's will mein Zorn sich noch nicht legen,
Warum empfing sie just ihn hier?

Clairette.

Nein, nein, er kam nicht ihretwegen,
Es sagt's mein Herz, er kam zu mir,
Doch kam sie freundlich ihm entgegen,
Ja, ja, — ich fürchte mich vor ihr.

Pitou.

Sie rief mich her nicht ihretwegen?
Und dennoch schlug so heiß es hier.
(Aufs Herz deutend).
Fliegt diesem Alten nun entgegen,
Macht sich nur Spaß mit mir.

Louchard.

Das Ding wird jetzt mir ungelegen,
Ich fühl' mich nicht mehr sicher hier,
Weiß den Alten sie zu bewegen,
Dann gehet alles aus an mir!

Larivaudière (zu Clairette).
Doch nein, von Pomponnet sind Sie ja die Verlobte,
Und man betrügt mich noch.
Clairette.
Nein, nein, 's ist Alles wahr!
Lange.
Er war nur der Gefoppte!
So sehen Sie doch endlich einmal klar!
Larivaudière (zu Clairette).
Nun, dann schwör', wenn bei der Wahrheit Du geblieben,
Du liebtest diesen Herrn.
Clairette.
Ja doch, warum denn nicht,
Ja ich schwör's, daß wir uns lieben.
Lange (für sich).
Das arme Kind, wie roth ward ihr Gesicht,
Bei diesem Wort, — es ist fürwahr kein Zweifel.
Louchard (für sich).
Er jagt mich ganz gewiß zum Teufel!
Larivaudière (zu Pitou).
Und Pitou, mein schöner Sängersmann,
Was sagen Sie dagegen?
Pitou.
Bei meiner Ehre sag' ich's an:
(Faßt Clairetten's Hand).
Ich kam nur ihretwegen.
Lange (für sich).
Wie er lügt,
Das genügt.
Larivaudière. Ja auf Ehr'?
Pitou. Ja auf Ehr'!
Louchard (für sich). Ach! wie lügt er!

Ensemble.

Alle. Die traurige Geschichte
Schließt lustig und geschwind,
Weil nach dem treu'n Berichte
Wir ⎫
Sie ⎬ Alle einig sind.

Parivaudière (zu Louchard).
Mußtest Du mich irreführen,
Schafskopf, Tölpel, Schurke, Schuft.

Louchard.
Ach Gnade! Menschlich ist ja, sich zu irren,
Wenn man nur dann, wie ich, ausruft —:
Vor den Augen wandeln sich die Mängel,
Ich sag' es gleich —

Parivaudière. Was sagst Du gleich?

Louchard (beugt sich huldigend vor Lange).
Daß das Fräulein ist ein Engel,
Und an jeder Tugend reich.

Lange.
Keiner darf mir's mehr bestreiten,
Daß ich nun ein Engel sei,
Hör' ich's doch von allen Seiten,
Sagt's sogar — die Polizei!

Alle (lustig).
Keiner darf es ihr bestreiten,
Daß sie nun ein Engel sei,
Hört man's doch von allen Seiten,
Sagt's sogar die Polizei.
Hahahaha!

Lange.
    Ist ein Engel,
's ist die reine Wahrheit.

Parivaudière. Alles recht schön; aber ich habe doch meine Skrupel. Erklären Sie mir, Madame, wie es kommt, daß Sie die Liebschaft von zwei Leuten protegiren, von welchen e r ein revolutionärer Kopf ist, der Spott=lieder auf mich und Sie dichtet, während das Mädchen eine Kokette ist, die diese Lieder auf offener Straße singt?

Lange. In der That, mein Herr, Sie sind von einer Begriffsstützigkeit —

Carivaudière. Wie? Ich bin von —?

Lange (auf Louchard zeigend). Entfernen Sie diesen Men=schen dort!

Carivaudière (zu Louchard). Geh' hinaus, aber ent=ferne Dich nicht.

Louchard. Ganz wohl. (Ab)

Carivaudière. Madame, meine Ohren stehen Ihnen zu Diensten.

Lange. Clairette, plaudere ein wenig mit Deinem Liebhaber, gleich bin ich wieder bei Dir. — (Zu Carivaudière). Begreifen Sie denn nie etwas?

Carivaudière. Was soll ich denn begreifen?

Lange. Daß der Volkssänger Ange Pitou ein revo=lutionärer Royalist ist, der uns nützlich werden kann, — und daß es daher von höchster Wichtigkeit ist, ihn an uns zu ketten.

Carivaudière. Ja, aber wie?

Lange (Pantomime des Geldgebens). Durch Dankbarkeit! Begreifen Sie nun?

Carivaudière. Superb! Colossal! Sublim!

Lange. Wirklich?

Carivaudière. Ich erkläre, daß ich ein Dumm=kopf bin.

Lange. Ich wollte es nur nicht sagen. (Lärm von außen).

Carivaudière. Was gibt's? Sollten unsere Freunde schon kommen?

Pomponnet (vor der Thüre). Aber wenn ich Ihnen sage, daß ich erwartet werde.

Lange. Himmel! Die Stimme Pomponnets!

Clairette (vortretend). Die Stimme meines Bräutigams!
Lange. Er darf Dich hier nicht sehen. (Oeffnet die Thür im Hintergrunde links). Geht durch diese Gallerie und zeigt Euch nicht.
(Clairette mit Pitou ab).
Larivaudière (sich die Hände reibend). Ich hielt mich für den Betrogenen, statt dessen ist es dieser Pinsel von Pomponnet.
Lange. Ach! welche Idee! (Zu Larivaudière). Dieser Pomponnet kann uns compromittiren.
Larivaudière. Wo so?
Lange. Wir müssen ihn loszuwerden suchen.
Larivaudière. Durch welches Mittel?
Lange. Ich weiß eins. Lassen Sie Alle eintreten, die draußen sind. (Der Lärm, der während d..: Scene fortdauerte, wird stärker).
Pomponnet (draußen schreiend). Man melde mich! Ich will, daß man mich melde!
Larivaudière (öffnet die Thüre). Na, was gibt's denn? Was soll der Lärm?
(Man sieht im Vorsaale Pomponnet von Bedienten festgehalten, von denen er sich loszumachen sucht).

Zehnte Scene.
Vorige. Pomponnet. Louchard. Bediente.

Pomponnet (vor der Thüre). Ich bin's, ich Pomponnet! — Ich bin bestellt und man will mich nicht hereinlassen.
Larivaudière. Herein! Alle herein!
Pomponnet (im Eintreten). Na also, da seht Ihr's! Hab' ich Euch nicht gesagt, daß es höchst wichtig ist, daß man mich mit Schmerzen erwartet? (Zu Mlle. Lange). Bürgerin, ich bringe Ihnen — (greift in den Sack).
Lange. Einen Augenblick! — Sie sind, wie Sie sagen, der Verlobte Clairettens?

Pomponnet. Ja wohl, sie betet mich an, und deshalb —

Lange. Sind Sie nicht ein Schüler des ehemaligen Hof-Friseurs Leonard?

Pomponnet. Freilich, daher auch meine —

Lange (zu den Bedienten). Man durchsuche die Taschen dieses Menschen!

Pomponnet. Wie?

Lange. Er muß ein Spottlied bei sich haben, welches gegen das Directorium gerichtet ist.

Pomponnet (mit Ruhe). Ja wohl! (Zu den Dienern). So kitzelt mich doch nicht, wenn ich selbst — laßt mich in Ruhe. Da ist's ja. (Zieht das Lied heraus). Weßhalb wäre ich denn sonst hergeeilt?

Lange. Das Lied! Man verhafte diesen Mann!

Pomponnet (ganz versteinert). He?

Larivaudière. Ja, man verhafte ihn. Louchard, Sie stehen mir gut für ihn mit Ihrem Kopf! (Bei Seite). Ich kenn' mich zwar nicht aus, aber das macht nichts.

Pomponnet. Mich einsperren! Mich? (Er wird abgeführt).

Larivaudière (zu Lange). Ich begreife nicht. Warum lassen Sie den armen Teufel arretiren?

Lange. Warten Sie! (Oeffnet die Thür links). Kommt, Kinder, kommt? —

Clairette. Wir haben Alles gesehen und gehört!

Pitou. Sie lassen Pomponnet verhaften, während ich der Schuldige bin.

Lange. Sie nehmen seinen Platz bei Clairette ein, — nur billig, daß er Ihren Platz im Arrest bekommt!

Clairette. Und das nennt man Gerechtigkeit.

Larivaudière (zu Lange). Werden Sie mir endlich sagen —?

Lange. Ich sage Ihnen gar nichts, als daß es gleich Mitternacht ist.

Larivaudière. Mitternacht! Mein Gott, ich vergaß ganz —

Lange. Still! Ich vergesse nie etwas! (Hersilia tritt ein). Meine liebe Clairette, Du wirst meiner Zofe folgen. Hersilia, führe die Mamsell in mein Schlafzimmer, sie wird die Nacht dort zubringen.

Clairette. Wie? Das ist mein Gefängniß?

Lange. Leg' Dich zu Bette, schlaf' wohl, und morgen reden wir weiter. (Clairette und Hersilia ab).

Eilfte Scene.

Lange. Larivaudière. Ange Pitou.

Lange. Endlich sind wir allein. Die Zeit drängt. (Zu Pitou). Sie sind ein Anhänger der vertriebenen Königs-Familie?

Pitou. Madame —!

Lange. Reden Sie ohne Scheu!

Pitou. Nun denn, — ja!

Lange. So hören Sie! Ihre Gesinnung ist auch die unsere.

Pitou. Sie wären?

Lange. Die treuesten Anhänger der Bourbons.

Pitou. Wie, die Freundin eines Barras?

Lange. Barras gehört zu den Unsern. Sein höchster Wunsch ist, Ludwig XVIII. im Triumph nach Paris zurückzuführen.

Pitou. Ist's möglich? (Lärm draußen).

Larivaudière (klopft dreimal in die Hand).

Pitou. Was ist das?

Larivaudière. Meine Dose! —

Lange. Es sind unsere Freunde. Ueberzeugen Sie sich, aber schweigen Sie über Alles, was Sie hören und sehen werden.

Zwölfte Scene.

Vorige, Trenitz, Verschworene (in der Stutzertracht mit Knotenstöcken, blonden Perrücken und schwarzen Collets).

Finale:
(Während die Verschworenen vortreten, räumen die Diener die Möbel weg).

Chor der Verschworenen.
Uns zu verschwören
Macht uns viel Freud'!
's wird's Niemand hören,
Wir sind zu g'scheidt!
Wie zum Entzücken das Alles steht,
Perrücken blond, schwarz das Collet.
Stets nur bedächtig das Ziel im Aug',
So ist es bei den Verschwörern Brauch.
Blond die Perrücke,
Schwarz das Collet.

Lange. Zur rechten Zeit erscheint Ihr, Bundes=
brüder!

Trenitz. Versworene sind wir und schlagen Alles nieder.
Ein Resiment flößt keinen Sreck uns ein.

Piton (vortretend). Ah, Bravo!

Die Verschworenen (wenden sich zu eiliger Flucht). Fort!

Lange. O flieht nicht, nein, nein,
's ist Ange Piton, der Unsern Einer,
Der Sänger, keck und treu wie Keiner,
Daß man als Freund die Hand ihm drücke,
Ich bin's, die gut für diesen steht.

Trenitz.
Warum trägt er kein swarz Collet,
Und keine blonde Perrü — rücke?

Chor der Verschworenen.
Warum trägt er kein schwarz Collet,
So wie auch keine blonde Perrücke?

Uns zu verschwören
Macht uns viel Freud'!
's darf's Niemand hören,
Wir sind zu g'scheidt.
Wie zum Entzücken das Alles steht,
Perrücken blond, schwarz das Collet! u. s. w.

Dreizehnte Scene.

Vorige, Clairette, später die sämmtlichen Damen der ersten Scene.

Clairette (stürzt auf die Scene und eilt auf Mlle. Lange zu).
Laß Dir sagen —
Alle. Eine Dame.
Lange. Zu dieser Stunde, —
Was suchst Du denn noch hier?
Clairette. O frage mich nicht so,
Das Haus umstehen draußen in der Runde
Hußaren Deines Feindes Angereau! —
Alle (ausgenommen Piton). Hußaren Angereau's! Schnell fort.
Die Damen (stürzen erschreckt heraus). Nicht mehr möglich!
Das Haus ist schon umstellt!
Wie wird das ernst und kläglich!
Allgemeiner Chor.
O herbes Mißgeschick,
Umstellt das ganze Haus,
Das bricht uns das Genick,
Wir kommen nicht mehr aus.
Trenitz. 's ist aus! vorbei.
Lange. Nein, gerettet sind wir.
Chor. Aber wie?
Lange. Wir wollen die Feinde irre führen,
Ein Hochzeitsfest improvisiren.
Chor. Ein Hochzeitsfest improvisiren?

Larivaudière (führt Clairette und Pitou vor). Das Brautpaar ist auch schon gefunden —

Lange (zu Trenitz).
    Doch die Collets verriethen schnell dem Feindesblicke
    Das, was man hier will und wie es steht.

Trenitz.
    Pah'! Zum Teufel mit dem Collet,
    Zum Teufel mit der Perrücke! —
    (Wirft die Perrücke weg).

Die Andern (sein Beispiel nachahmend).
    Zum Teufel mit dem Collet —
    Zum Teufel mit der Perrücke!

Chor der Soldaten (draußen).
    Klopfet diese kecken Schnäbel,
    Den Pariser Stutzer-Pack,
    Mit dem tapfern Heldensäbel,
    Hauet sie zu Schnupftabak.

(Während dieses Chores, der in der Ferne gesungen wird, spricht Mlle. Lange zu dem ihr zunächst stehenden Herrn).

Lange. Sie kommen! — Die Salons sind beleuchtet! — Man öffne alle Thüren. (Es geschieht, man sieht eine Enfilade beleuchteter Zimmer). Vorwärts, meine Herren, zum Tanz!

Trenitz. Ja, walsen wir — den neuen Walser, — ich swärme für den Walser, er ist meine sönste Swachheit. (Reicht Lange die Hand).

Lange.
    Tanzet! tanzet!
    Laßt im Walzer uns schweben
    Und genießen dieses Leben
    Mit fröhlichem, heiteren Sinn.

Alle. Tanzet, tanzet u. s. w. (wie oben).

Vierzehnte Scene.
Vorige, Offizier, Huſaren.

Chor (die Huſaren).
Klopfet dieſe kecken Schnäbel u. ſ. w.

Recitativ.

Lange (auf den Offizier zutretend).
Ha! welche Ehr'? Und was iſt Ihr Verlangen?
Offizier und Soldaten. Die Verſchwornen ſuchen wir!
Lange.
Als Barras Freundin darf ich ſie empfangen
Die Verſchwornen, ſeht, — ſie ſtehen hier, ſie
            ſtehen hier!
Zum Hochzeitsfeſt ſind ſie gekommen,
Sie werden's wohl nicht ſtören, nicht wahr?
Denn gerne wird ja aufgenommen
Ein Huſſar ſammt tapfrer Schaar.
Ich ſage Ihnen,
Pariſerinnen
Flößt ein Soldat keinen Schrecken mehr ein
Herrn und Damen,
Stellt Euch zuſammen,
Sie, mein Herr, ſoll'n mein Tänzer jetzt ſein! —
            (Zum Tanz).
Tanzet, tanzet! u. ſ. w.

Clairette (walzt im Vordergrunde mit Pitou). Tanzen? O Wonne, o ſüßes Behagen!
Pitou. Ach! nur zu kurz wird die Freude mir ſein.
Clairette. Mußt Du denn immer mit Zweifel Dich plagen, Ich liebe Dich, und bin auf ewig Dein!
Lange (iſt walzend in die Nähe gekommen, daß ſie dieſe Worte hört, — für ſich). Sie — ſein! entſetzlich!

Offizier. Ihr zittert plötzlich?
Lange. Ich, o nein!
Offizier. Ihr bebet und wurdet so bleich.
Lange. Nichts ist's, mein Lieber,
'S geht schon vorüber!
(Bei Seite).
Schnöder Verrath!
Doch Rache schwör' ich Euch!
Alle. Tanzet! tanzet! u. s. w.

Vorhang fällt.

Dritter Akt.

(Das Theater stellt den Garten einer Schankwirthschaft in Belleville vor, der des Balles wegen beleuchtet ist. Ueberall Bosquets und zur Rechten eine Sommerlaube. Eintritt aus der Tiefe des Theaters und von allen Seiten).

~~~~~

Erste Scene.

Cadet, Guillaume, Buteux, Amaranthe, Javotte, Therese, Damen und Träger der Halle. Zahlreiche Gruppen um die Genannten, dann der Wirth.

(Beim Aufziehen des Vorhanges allgemeines Fricassee (Durcheinander) getanzt von sämmtlichen Personen).

Der Wirth (nach dem Tanze). Aber meine Herren und Damen, was thun Sie denn? Sie tanzen, so zu sagen, hier eigentlich vor der Thüre. Sie können ja im Ballsaale tanzen. So eben sind wir mit der Aufzündung fertig geworden.

Alle. Gehen wir! (Die Comparserie zieht sich links zurück).

Javotte. Na, was ist's denn? Folgen wir ihnen nicht?

Guillaume. Fällt mir nicht ein.

Amaranthe. Schade! — 's tanzt sich besser auf parquettirtem Boden.

Cadet. Wenn Ihr Weibsleute nur tanzen könnt! 's steht uns gut an, an einem Tage, wie der heutige, herumzuhupfen.

Therese. Ah pah! Warum denn nicht?

Cadet. So? Warum? fragst Du, wo wir nicht einmal wissen, was wir von Clairettens Benehmen zu halten haben?

Javotte. Wir wissen sonst nichts, als daß sie nicht mehr im Gefängnisse ist, sintemalen sie uns hier ein Rendezvous gegeben hat.

Buteur. Aber warum hat sie sich denn einkasteln lassen?

Guillaume. Und wie ist sie wieder herausgekommen?

Amaranthe. Das Eine steht fest: An all' dem ist das Sakermentslied Schuld, das sie am Platz vor der Halle sang wie eine kecke Harfenistin.

Therese. Sie, — die sonst die Augen niederschlug und that, als ob sie nicht Fünfe zählen könnte!

Cadet (zieht einen Brief aus der Tasche). Wenn man wenigstens aus diesem Brief etwas erfahren könnte. (Liest). „Findet Euch Alle Abends um 8 Uhr auf dem Balle der Calypso ein. Ich werde ebenfalls hinkommen, dort sollt Ihr Alles erfahren. Clairette."

Javotte. Na also, wenn wir Alles erfahren sollen —

Therese. So hat sie uns nichts zu verheimlichen!

Buteur. Das ist richtig! (Lärm außen).

Alle (zurückkehrend). Was gibt's denn?

Amaranthe (nach rückwärts). A schau! Da hab'ns Eine in der Mitte.

Guillaume (hält die Hand über die Augen). Mordigall! — Hab' ich denn den Nachtnebel?

Cadet. Nein doch! sie ist's!

Alle. Clairette!

Buteur. Da haben wir's!

5*

Zweite Scene.

Vorige, Clairette als Fischweib, die Andern drängen sich vor ihr..

Chor (die Hallenleute).
Platz da! Platz da! und weichet zur Seite,
Seht, wie sie lustig ist und froh,
Das ist Clairette, hört Ihr's, Ihr Leute,
's ist unser Kind, Mamsell Angot.
Cadet. Bist einmal da?
Amaranthe. Wo kommst Du her?
Cadet. Und wie kommst Du zu dem Gewande?
Amaranthe. Erzähl' und mach' uns keine Schande,
Wer gab es Dir? Lüg' jetzt nicht mehr.
Clairette.

Couplet.

1.

Besorgt war't Ihr seit meiner Jugend
Für meine Unschuld, meine Tugend,
Und ich belohnt' Euch jederzeit,
Wie sich's gebührt, durch Sittsamkeit.
So spielte ich denn die Solide
In Gang und Haltung, Blick und Ton,
Doch bald war ich des Spieles müde,
Denn meine Entstammung zeigt es schon.
Mutter Angot war meine Amme,
Folg' als Kind fürwahr treu dem Stamme,
Seht mich an: bin just so,
Bin eb'n Mamsell Angot!

2.

Es fiel Euch ein, mich zu vermählen,
Mir einen biedern Mann zu wählen,
Doch lag ein And'rer mir im Sinn,
Zu diesen zog mein Herz sich hin.

Zu Eurem mocht' ich mich nicht bequemen,
Doch kränken wollt' ich Euch nicht gern,
D'rum ließ ich mich ins Loch einsperr'n,
So braucht' ich doch keinen zu nehmen.
Mutter Angot war u. s. w.
Chor. (Für die 1. und 2. Strophe repetirt).
Mutter Angot u. s. w.
Buteur. Und deshalb haben wir so viel Geld ausgegeben.

Amaranthe. Aber warum hast Du denn nicht lieber das Maul aufgemacht und geredet, statt Dich einsperren zu lassen?

Guillaume. Und wie kamst Du aus dem Kerker wieder heraus?

Clairette. 's würde zu lange dauern, wollte ich das Alles erzählen. Ich erwarte hier ein Dutzend Leute, und die sollen mich nicht gleich beim Eintritte sehen. Alles, was ich Euch mit zwei Worten sagen kann, ist das: Ich glaube ich bin verkauft und verrathen.

Alle. Verkauft und verrathen?

Clairette (erbittert). Von dem, den ich liebe.

Amaranthe. Und der Kerl, der Ange Pitou ist's den Du liebst?

Clairette. Ja Pitou! Und wenn mein Verdacht sich bestätigt, dann, Mordhöllen-Element! dann ist's aus! nie wird er mein Mann!

Cadet. Da hast Du Recht.

Clairette. Ich bleibe ledig, mein Leben lang.

Javotte. Da hast Du Unrecht.

Therese. Und was geschieht mit Pomponnet?

Clairette. Pomponnet?

Guillaume. Nun ja! Was fangen wir denn mit Pomponnet an?

Clairette. Kümmert Euch nicht um den, der ist anstatt meiner im Gefängniß.

Alle. Im Gefängniß?
Clairette. 's würde wieder zu lang, Euch Alles das zu erzählen. Dann können wir auch hier nicht stehen bleiben. Die Leute, die ich hierhergelockt, wissen nicht, daß ich da bin; ich will ihnen eine kleine Ueberraschung bereiten Art schlägt nicht aus der Art, sagt man. Ja! Kreuz divi domine! Ich will ihnen zeigen, daß ich die Tochter von Madame Angot bin.
Butrux. Das ist jetzt nicht mehr zu verkennen.
Clairette. O, Ihr sollt noch ganz andere Dinge sehen!
Mutter Angot war u. s. w.
Alle (singend ab).

Dritte Scene.

Larivaudière (allein).

Larivaudière (als Hallenträger verkleidet, schleicht langsam und vorsichtig von rückwärts nach vorne). Da wären wir! Wie? Noch Niemand da? — Ah, da drinnen tanzt man; — will doch einmal das sonderbare Billet lesen, (zieht ein Briefchen aus der Tasche) das ich erhalten habe. (Liest): „Bürger, man betrügt Sie. Gestern hat man Sie zum Narren gehalten. Wenn Sie sich von der neuen Liebschaft des Fräuleins Lange durch den Augenschein überzeugen wollen, so finden Sie sich diesen Abend um 9 Uhr auf dem Balle der Calypso in Belleville ein. Es ist dies eine Unterhaltung, auf welcher die Leute vom Naschmarkt, Obst- und Gemüse-Markt den Ton angeben. Verkleiden Sie sich und es wird Ihnen ein Licht aufgehen. — Clairette." — Clairette? So heißt die junge Braut, die seit zwei Tagen eine so sonderbare Rolle spielt. Vorgestern hat sie sich als Feindin der Lange arretiren lassen, gestern finde ich sie bei der Lange. Wen foppt sie eigentlich? Ich habe mich als Hallenträger verkleidet, um sie zu beobachten! (Wendet sich nach links). Dort tanzt man, ich werde mich unter die Träger schleichen! — Also klug! — Vorsichtig! (Schleicht ab).

Vierte Scene.

Pomponnet (kommt gelaufen, ebenfalls im Costüme eines Hallenträgers, aber über und über mit Mehl bestaubt, auch im Gesichte, so daß er wie ein Pierrot aussieht). Uf! — das nenn' ich laufen. Aber ausgekommen bin ich ihnen doch. Wo bin ich denn? In einem Ball-Lokale. O Hohn, o Sarkasmus des Geschicks. — Ich kann einen Roman schreiben: „Die Malheurs von einem Friseur". An meinem Hochzeitstage arretirt man meine Frau, Tags darauf arretirt man mich und steckt mich provisorisch in eine Zelle des Gefängnisses von Château d'Eau. Neben mir brummte Papa Gérome, einer meiner Kunden, er hatte bei seiner Frau einen Stutzer gefunden und demselben einige Rippen eingeschlagen. Wir brachten die Nacht damit zu, daß wir uns gegenseitig unsere Leidensgeschichte erzählten. Meine Thränen tropften in seine Weste, und das ging ihm zu Herzen. Heute um 8 Uhr sollte er ausgelassen werden, da er aber keine Sehnsucht hatte, seiner Frau unter die Augen zu treten, so kam er auf die Idee, mich an seiner Stelle aus dem Gefängnisse herauszubugsiren. Ich ziehe sein Gewand an, — er das meine, und wie man den Namen „Bürger Gérome" aufruft, antworte ich ganz keck (im tiefen Baße) „Hier!" Dabei schlüpf' ich beim Thürl hinaus, aber kaum habe ich 30 Schritte gemacht, so hör' ich schreien: „Halt's 'n auf! halt's 'n auf!" — Ich halte mich natürlich nicht auf, nehme die Füße auf den Rücken, stürze über den Boulevard, verirre mich in ein Labyrinth von Straßen, Gassen, Sträßchen und Gäßchen, und auf einmal bin ich hier in Belleville auf einem Ball, — (bitter) ich, auf einem Balle, während meine Clairette vielleicht in

Eisen, in Ketten, in Fesseln — o! — o! — doch Muth!
Man darf nicht verzweifeln. Die Hauptsache ist, daß ich
frei bin, und ich werde meine Freiheit benützen, um sie zu
retten.
 Larivaudière (tritt auf, zurückblickend). Nicht eines kenne
ich von all' diesen Gesichtern!
  Pomponnet. Retten muß ich sie, — so, oder so —
  Larivaudière. Nein, fidonc! Hier bleibe ich nicht!
  Pomponnet. Hinein in die Halle!
  Larivaudière. Drücken wir uns! (Beide wollen abeilen und stoßen gegeneinander).

Duett.

 Pomponnet und Larivaudière. Könnt Ihr nicht
sehen?
  Larivaudière. Einfaltspinsel!
  Pomponnet. Hansdampf!
  Pomponnet und Larivaudière (bei Seite). Wie ist
er keck.
  Larivaudière (bei Seite). Solch ein Kerl!
  Pomponnet (bei Seite). Da gibt's Kampf.
  (Entfernen sich vorsichtig von einander und voll Angst).
  Pomponnet und Larivaudière (bei Seite).
 Ich bin erfaßt von Schreck und Galle,
 Doch laß' ich merken nichts davon,
 Spiel' mich hinaus als Mann der Halle
 Und nehme an den groben Ton.
(Sie wiegen sich mit affectirtem Gleichmuth, herausfordernd einander anglotzend, in den Hüften).
  Larivaudière (laut und grob). Bei Euch ist's h i e
wohl nicht ganz richtig?
  Pomponnet (ängstlich, bei Seite).
 Besänftigen möcht' ich seine Wuth!
(Laut). Verzeiht, mein Aug' ist etwas schlecht.
  Larivaudière (befriedigt, bei Seite).
 Was so ein dreister Ton gleich thut. —

(Laut). Weich klopft' ich schon manch' harten Schädel.
Pomponnet (bei Seite).
Kommt's hier zum Hau'n, bin ich gemacht.
(Laut). Mein Stock ist auch kein Fliegenwedel!
Juckt Dir das Fell? Nimm Dich in Acht.
Kenn' Dich schon,
Alter Sohn,
Sprich aus einem andern Ton.
Larivaudière (bei Seite). Jetzt wird er keck,
Und er möcht' gleich schlagen!
Pomponnet (immer muthiger werdend).
Willst Du mit mir ein Tänzchen wagen,
Spiel' ich Dir eins auf, mein Sohn! —
Larivaudière (zitternd).
Würd' man uns nur nicht überraschen! —
Pomponnet (bei Seite).
Aha! Wie ängstlich er jetzt spricht! —
(Er setzt sich renommistisch in Boxer-Positur, laut).
Komm' her, will den Kopf Dir waschen!
Larivaudière (sich ängstlich zurückziehend).
Schon gut! Bemüht Euch weiter nicht —
(Will weglaufen und verliert dabei Hut und Perrücke).
Pomponnet (ihn erkennend, bei Seite).
Ha! Das ist bei meiner Ehre —
Larivaudière (auf die Kniee fallend).
Gnade! Gnade ist's, die ich erfleh'!
Pomponnet. Er ist's! 's ist Larivaudière!
Larivaudière. Ich bin erkannt! Ach, ich vergeh'! —
Pomponnet (lachend). Nun, und ich bin Pomponnet.
Larivaudière (mit dummer Miene ihn ansehend).
Pomponnet!
Pomponnet (lachend). Larivaudière!
Beide (lachend).
Ha! ha! ha! ha!
Ach, wer uns hier erblickte,

Ha! ha! ha! ha!
Wir steh'n wie zwei Verrückte
In dieser Kleidung da.
Ha! ha! ha! ha!
Larivaudière. Aber wie hat sich denn das gemacht? Ich glaubte, Sie wären im Gefängniß?
Pomponnet. O mein Gott! Am Ende wollen Sie mich wieder dahin zurückexpediren?
Larivaudière. Ich? Fällt mir nicht ein; im Gegentheile, ich bin ganz glücklich, daß ich Dich gefunden habe.
Pomponnet. Glücklich?
Larivaudière. Ich habe so meine Idee, daß man uns alle Beide betrügt.
Pomponnet (dumm). Man betrügt uns? Wer denn?
Larivaudière. Sehen wir zuerst, ob wir auch allein sind. (Gehen rechts und links, um sich zu überzeugen).

Fünfte Scene.

Vorige, Clairette (tritt durch die Laube ein).

Clairette (für sich). Alles in Ordnung! Bald ist's 9 Uhr.
Pomponnet. Niemand ist in der Nähe!
Larivaudière. Niemand?!
Clairette (horchend, für sich). Wer ist wohl da?
Larivaudière. Setzt Dich mein Costüme nicht in Erstaunen?
Pomponnet. Ja wohl, freilich!
Larivaudière. Nun denn, 's ist Deine Braut, die mir den Rath gab, mich auf diese Art zu verkleiden.
Pomponnet (erstaunt). Clairette?!
Clairette (für sich). Man spricht von mir?
Larivaudière. Sie hat mir geschrieben.
Pomponnet. Ihnen?

Larivaudière. Ja, mir, — um mich aufmerksam zu machen und mir zu beweisen, daß Mlle. Lange mich zum Narren hält.
Clairette (bei Seite). 's ist Larivaudière!
Pomponnet. Clairette, die im Gefängniß ist, hat Ihnen geschrieben?
Larivaudière. Nein, Schwachkopf! Deine Clairette ist nicht mehr im Gefängnisse, weil sie Dich an ihrer Stelle dahin hatte bringen lassen.
Pomponnet. Sie? sie hätte —?
Larivaudière. Du genirtest sie.
Pomponnet. Ich?!
Larivaudière. Unter uns, ich glaube, daß hinter dieser Clairette auch nicht viel dahinter ist.
Clairette (für sich). Ah!
Pomponnet. Clairette, dieser Engel voll Unschuld und Tugend!
Larivaudière. Was Du mir da sagst, beweist mir, daß Du ein Schwachkopf bist.
Pomponnet. Ha! — Doch nennen Sie mich, wie Sie wollen, aber Clairette dürfen Sie mir nicht angreifen, denn sehen Sie, ich werde sie gegen die ganze Welt vertheidigen, sie ist so lieb, so schön, so gut, — und — und ich liebe sie so sehr.
Clairette (für sich). Armer Junge.
Larivaudière. Und wenn ich Dir nun den Beweis liefere, daß sie hier ist?
Pomponnet. Hier?
Larivaudière. Höre mich an. Wir werden den ganzen Garten durchstöbern, finden wir sie, so wünsche ich nicht gleich von ihr erkannt zu werden, denn ich möchte sie beobachten und ihre Schritte überwachen, um zu erfahren, zu welchem Zweck sie mir eigentlich schrieb.
Clairette (für sich). Du willst nicht erkannt sein! Na warte! (Verschwindet aus der Laube).

Pomponnet. Wär's möglich! Clairette, die ich vor meinen Augen ins Gefängniß führen sah, wäre hier?

Larivaudière. Folge mir, sage ich Dir, wenn wir sie aber erblicken, hüten wir uns, sie anzureden. Weichen wir ihr aus, ohne sie aus dem Gesichte zu verlieren.

(Clairette trillert hinter der Coulisse).

Larivaudière. Eine weibliche Stimme!

Pomponnet. Ach mein Gott!

Larivaudière. Was denn?

Pomponnet. 's ist ja sie!

Larivaudière. Sie! (Zieht ihn gegen die Laube). Lassen wir sie vorübergehen. (Sie treten, um sich zu verbergen, in die Laube).

Clairette (tritt singend auf, die Hände in den Taschen ihrer Schürze, als ob sie spazieren gienge. Anfangs geht sie vor, dann rasch gegen die Laube, wo sie die Beiden erblickt, aber so thut, als ob sie dieselben nicht kennen würde). Ah! 's ist zu dumm! Ihr habt mich erschreckt.

Pomponnet. Aber es ist ja —

Larivaudière (gibt ihm einen Stoß). Halt's Maul!

Pomponnet. Ah!

Clairette. Na, nichts für ungut! Ich meinte, es sei der Vater Guillaume. — Aber ich kenn' Euch nicht. Von welchem Markte seid Ihr denn?

Pomponnet. Vom — vom

Larivaudière. Vom Viehmarkt.

Clairette. Man merkt's. Und Ihr kommt wohl wegen der wichtigen Angelegenheit?

Larivaudière. Wichtig? Richtig! Blos deshalb sind wir da.

Clairette. Aber Ihr wißt nicht, um was es sich handelt,

Larivaudière. Bis jetzt allerdings noch nicht. Das ist wieder richtig.

Clairette. Nun denn, ich will's Euch sagen, es handelt sich um mich.

Larivaudière. Um Euch?

Clairette. Ja, um mich, Clairette!
Larivaudière. Ah! Sie sind — ?
Clairette. Stellt Euch vor, man wollte mich verheiraten, mit einem braven, jungen Mann, nichts zu reden über ihn. Was sein Herz, seine Ehrenhaftigkeit anbelangt, lasse ich nichts über ihn kommen.
Pomponnet (bei Seite, weinend). Ach, wie süß ist es doch, wenn man solche Dinge über sich sagen hört.

Terzett.

Clairette. Stets werd' ich meinen Bräutigam
 Zu den biederſten Männern zählen,
 Doch für der Liebe Luſt und Gram
 Würd' einen Andern ich mir wählen.
Pomponnet (für ſich).
 O Gott, o Gott, was muß ich hören.
Larivaudière (mit dummſtolzer Ueberſchätzung).
 Ich glaub' es gern, ich glaub' es gern.
Clairette. Dann ſtand auch, ich muß es erwähnen,
 Ein Anderer meinem Herzen nicht fern.
Pomponnet. Ein Anderer?
Clairette (mit Leidenſchaft).
 Ein Sänger, den ja Alle kennen!
Larivaudière. Ich glaub' es gern! ich glaub' es gern!

Recitativ.

Pomponnet (für ſich). O mein Gott ich vergehe,
 Bin einer Ohnmacht nah'.
Clairette. Doch er betrügt mich, o wehe,
 Wenn es wahr iſt, was ich ſah! —
 Und das iſt das Geheimniß,
 Ich weiht' Euch Beide ein,
 Weil es hier ohne Säumniß
 Heut' aufgeklärt muß ſein.

Larivaudière und **Pomponnet**.
Jetzt kenn' ich das Geheimniß,
Sie weihte selbst mich ein,
Daß hier es ohne Säumniß
Heut' aufgeklärt muß sein! Ja!
Clairette. Kennt Ihr Mamsell Lange, die schönste
der Frauen,
Die große Künstlerin denn nicht?
Pomponnet (bestimmt). Ich, ja!
Larivaudière (verlegen). Nebenbei!
Clairette. So laßt Euch anvertrauen,
Was alle Welt jetzt von ihr spricht,
Trotz, daß intim mit Barras sie verkehre,
Betrügt sie ihn mit einem alten Narren,
Dem feinen Herrn Larivaudière.
Larivaudière (außer sich, bei Seite). Alter Narr!
Pomponnet. Ach! Das traf wunderbar.
Clairette. Und das ist das Geheimniß u. s. w.
Larivaudière und **Pomponnet**.
Jetzt kenn' ich ihr Geheimniß u. s. w.
Larivaudière (zu Clairette). Morbleu, ich bin Lari-
vaudière —
Clairette (schelmisch). Hab' es gewußt!
Larivaudière. Sie hat's gewußt.
Pomponnet. Ja wohl! Ich aber —
Clairette (reicht ihm die Hand). Mein Freund Pomponnet.
Pomponnet. Du hast's gewußt?
Clairette (herzlich). Ich hab's gewußt.
Larivaudière. Nur Rache!
Man muß sogleich —
Clairette. Nur Vorsicht bei der Sache; —
Gehen wir zurück, — vielleicht kommen Sie
hierher!
(Um sich blickend).
Ha! Was ist das? Ist es wahr? Wirk-
lich Er?

Pomponnet. Er ist's!
Larivaudière. Sagt, wer!
Clairette (nach vorne kommend). Nur Rache,
Nein, es ist nicht zum Verzeih'n,
Denn er handelt miserabel,
Darum wäre ich capabel,
     (zu Pomponnet)
Meine Hand Dir zu verleih'n.
Folgt Ihr zwei,
Ohne Scheu,
Lernet mich nun heute kennen,
Meiner Treu,
Ja Ihr zwei
Werdet Euch noch glücklich nennen,
Um so mehr,
Er kam her,
D'rum geb' ich Euch jetzt mein Wort,
Dieser Tag,
Er vermag
Mich zu rächen nun sofort.

Larivaudière und Pomponnet.
Ja nur ihr
Folgen wir,
Lernen wir sie heute kennen,
Meiner Treu,
Ja wir zwei
Werden uns noch glücklich nennen,
Um so mehr,
Er kam her,
Denn es sagt uns jetzt ihr Wort,
Dieser Tag,
Er vermag
Mich zu rächen nun sofort.
    (Alle ab).

Sechste Scene
Ange Pitou.

Ange Pitou (tritt von rückwärts auf und bleibt bei der Thüre stehen). Da wäre ich also auf dem Ball der Calypso. — Wie mir das Herz schlägt. Fräulein Lange hat mir geschrieben, ich soll hieher kommen, sie selbst scheint noch nicht da zu sein. Ach! — 's ist wie ein schöner Traum, — sie gibt mir ein Rendezvous, nicht zu glauben, und obwohl sie meine Beziehungen zu Clairetten kennt, klang ihre Stimme doch so süß, als sie gestern beim Abschied sagte: Sie lieben also wirklich Clairette, und ich wähnte, ich sei es, der Sie Ihr Herz geweiht. — Und dabei funkelten ihre Augen, zitterte ihre Hand in der meinen. Ach, Clairette kam mir gestern sehr ungelegen. Was liegt mir überhaupt an Clairette! — (Zieht das Billet). Ach, dieses reizende Billet! Seit heute Morgens habe ich's wenigstens hundertmal gelesen, und immer wieder gelesen.

Siebente Scene.
Ange Pitou, Mlle. Lange als Fischweib.

Lange (ihn erkennend). Ma foi, — ich habe Glück.
Pitou. Da ist sie!
Lange (auf ihn zutretend). Ich gestehe, daß ich einiger Maßen mich scheute, ein Lokal, wie dieses, allein zu betreten.
Pitou. Allein? Zweifelten Sie, daß ich kommen würde?
Lange. Nein, aber da ich Sie unterwegs nirgends bemerkte, so trat ich etwas furchtsam hier ein. Ach, Sie wissen ja, man spinnt solche Intriguen, begeht solche Perfidien gegen mich, und da ich Ihre Handschrift nicht kannte —

Pitou (verdutzt). Meine Handschrift?
Lange. Doch Sie sind da und ich bin beruhigt. Wie Sie sehen, bin ich Ihren Instructionen Punkt für Punkt nachgekommen. Wie gefall' ich Ihnen in diesem Costüme?
Pitou. Mehr als je! Aber was meinen Sie für Instructionen? Ich verstehe Sie nicht! —
Lange. Sie verstehen mich nicht? Haben Sie mir nicht geschrieben, daß ich dieses Costüme zu unserem Rendezvous anziehen soll?
Pitou (immer erstaunter). Ich?
Lange. Ich sehe wohl ein, daß man in ein solches Lokal in keiner andern Tracht kommen kann. Uebrigens müssen Sie zugeben, daß es ein etwas sonderbarer Ort ist, den Sie gewählt haben.
Pitou. Aber mein Gott! Sind's doch Sie, die ihn gewählt hat.
Lange (erstaunt). Ich?
Pitou. Ja, in dem reizenden Billet, das ich schon auswendig weiß.
Lange. Ich? Ich hätte Ihnen ein Billet geschrieben?
Pitou. Reu't es Sie?
Lange. Nein, aber kennen möcht' ich's lernen.
Pitou. Gut! Hier ist es! (Zieht das Billet). Hören Sie!

Duett und Finale.

Pitou (lesend). Mein lieber Freund, 's gebührt Dir
       mein Haß,
Ein Haß ganz ohne Unterlaß,
Allein ich heuchle nicht, was ich für Sie
       nun fühle,
Mein schwaches Herz, es brennt für Sie
       allein, —
D'rum finden Sie um 9 Uhr sich in Belleville
Auf dem Calypso-Balle ein.

Dort find' ich Dich, mein Leben,
Hinweg mit Groll und Haß,
Nicht länger schmachten laß' —
Die Frau, die Dir vergeben.
Lange. Die Unterschrift?
Pitou (ihr den Brief zeigend). Sie lautet: Lange —
Lange. 's ist Fälschung,
Ha! Verrath!
Pitou. Wär' es möglich! Dieses Schreiben
War nicht von Ihnen, ha?
Lange. Hören Sie dieses da. — (Liest).

Cavatine.

Bin nur ein Träumer, ein Dichter und Sänger,
Der ohne Ruhm und ohne Geld und Gut,
Doch brennt mein Herz für Dich in wilder Glut.
Kann dieses Leben ertragen nicht länger,
Es gibt hübsch fern von Deinem Haus,
Fern von der Stadt und ihrem großen Lärme,
Heut' einen Ball, für den ich schwärme,
O komme nach Belleville doch hinaus,
Jedoch vermummt als Weib der Halle,
Denn so kommen dorthin Alle,
Wir suchen uns ein Plätzchen aus —
O holde Göttin, ach erscheine,
Treibe mit mir ja keinen Spott,
Kommst Du nicht pünktlich so um Neune,
Bin um zehn Uhr ich mausetodt.
Pitou. Nun, da gehört doch wirklich viel dazu!
Und die Unterschrift?
Lange. Seht selbst, Ange Pitou!
Pitou. Ha! Das ist frech!
Beide. Ha! das ist schändlich,
Der Betrug ist offenbar.
Pitou. Ha! das ist frech.

Beide. Ha! das ist schändlich,
Der dies schrieb, will offenbar
Uns verderben, das ist klar,
Der Betrug ist offenbar,
Ganz offenbar,
Ja, das ist klar. —
(Während dieser Scene erscheinen sämmtliche andere Personen hinter den Bosquets).
Lange. Schnell fort! Ich will von hier entfliehen!
Pitou. Fort? Jetzt von hier?
Theu're, nein, bleib' bei mir!
(Umfaßt sie und zieht sie an sich).
An mein Herz laß' Dich jetzt mich ziehen!
(Legt ihre Hand auf sein Herz).
Fühl' sein Pochen, sein heißes Glühen!
(Will sie nach der Laube fortziehen).
Bleib' bei mir, folg' mir, eh's zu spät.
Weh' dem, der hier 's Geheimniß je verräth!

Achte Scene.
Sämmtliche Personen. Vorige.

Chor. Ha! ha! ha! ha! Hört Ihr es jetzt,
Daß man 's Geheimniß nicht verletzt!
Ha! ha! ha! ha! Geheimniß nennt
Er hier, was alle Welt schon kennt.
Pitou (die Lange vertheidigend).
Daß Keiner ihr so nahe trete,
Denn wehe sonst! —
Clairette (tritt aus dem Kreise vor). Weh' mir allein.
Pitou und Lange. Clairette!
Clairette. Ah so! bist Du's, Madame Barras,
Spielst 'ne recht saub're Rolle da, —
Hast der Amanten gleich ein Paar.

(Mit Spott).

Hab'n zwar schon grau und weiß das Haar,
Doch gibst mit Zwei'n noch keine Ruh',
Brauchst einen Dritten noch dazu!
Nimm Dir den Laffen, brauch' ihn nicht,
Wenn Dir so g'fällt sein Affeng'sicht,
War wohl mein Schatz, der saub're Herr,
Gib unter'm Preis sogleich ihn her,
's wird nicht ein Sous von ihm begehrt,
Er ist mir nicht so viel mehr werth,
Ich hör' die Leute sagen,
Da sie nichts begehrt,
Sie hat ihn losgeschlagen,
's war der Lump nichts werth.

Chor der Halle. Bravo! in unf'rer Halle,
Da werden wir halt so!
's ist ihrer Mutter Tochter,
Vivat Mamsell Angot!

Pitou. Wie hat sie's denn erfahren,
Von wem, und wann und wo,
's ist ihrer Mutter Tochter,
Ganz wie Mama Angot —

Larivaudière (der von der Lange nicht gesehen wird).
Vor Zorn könnt' ich ersticken,
Doch nur Geduld, oho! —
Ich leid's nicht, daß das Völkchen
Mich hier blamiret so!

Lange (den Ton Clairetten's imitirend).
Schau einer doch den Schnabel an,
Wie sie sich gut verstellen kann,
Spricht eine Sprach' mit einem Mal',
Wie ein Dragoner=Corporal.
Kannst mir, mein Püppchen, sagen nicht,
Wie Du mit diesem dummen G'sicht,

Spieltest die Unschuld fromm und rein,
Und Alles war Lug und Trug und Schein,
Großmüthig gibst den Liebsten her,
Weil er verliebt in Dich nicht mehr,
Seit er gekommen in mein Haus,
Du Heuchlerin, war's mit Dir aus.
Ich hör' die Leute sagen,
In der ganzen Stadt,
Sie hat ihn hergegeben,
Weil ihrer er war satt.

Larivaudière (vortretend).
Mein Compliment! Das klingt recht hübsch, auf Ehre,

Lange. O weh! — Was sucht denn dieser da?
Larivaudière. Ich bin's, Larivaudière!
Lange. Larivaudière! Ha! ha! ha! ha!
Alle. Ha! ha! ha! ha!
Larivaudière. Meine Stimme bebt im Grimme,
Zittert, da ich Alles weiß.
Schlange, Drache,
Meine Rache
Soll Euch treffen höllenheiß.
Pitou. Ach ich lache
Deiner Rache,
Machst Dich selbst zum Kinderspott,
D'rum, mein Lieber,
Schweig darüber,
Sonst schlag' ich auf Ehr' Dich todt.

Chor:
(Allgemeiner Disput).

Hallenleute. Nur nicht streiten
Vor den Leuten,

Störet uns nicht unsern Ball,
Ruhig, stille,
Unser Wille
Duldet nimmer den Skandal.

Pomponnet. Wie sie streiten
Vor den Leuten,
Ach zu meines Herzens Qual,
Meines Lebens
Ziel vergebens,
's ist wahrhaftig ein Skandal.

Lange. Nützt das Streiten
Vor den Leuten?
Ich gefall' ihm halt einmal,
Laß ihn ziehen,
Dein Bemühen
Hilft Dir nichts, macht nur Skandal

Clairette. Wozu streiten
Vor den Leuten,
Und dazu noch auf dem Ball,
Mag er ziehen,
Mein Bemühen
Ist umsonst auf jeden Fall.

Larivaudière und Piton. Laßt bedeuten
Euch bei Zeiten,
Macht ein Ende dem Skandal,
Sollt Euch schämen,
Solch' Benehmen,
Und dazu noch auf dem Ball!

Clairette. Genug! Mit dem Skandale!
Lange, Deine Hand.

Lange. So huld= und liebevoll!

Clairette.
So sind wir Leute von der Halle,
Man schimpft und zankt, doch ohne Groll.

Lange. 's ist wahr!
Larivaudière. Potz Element!
Clairette. Ich rath' Euch zu schweigen,
Denn sage ich, was ich geseh'n,
Ist's um Euch Verschwörer gescheh'n,
Seit gestern Nachts kann ich's bezeugen.
(Zieht sich in die Laube zurück und weint).
Lange. Als neue Dame von der Halle
Geb' ich Euch jetzt ein Fest und lad' Euch
Alle!
Ihr seid Freunde jetzt mir.
Chor. Ach! Jetzt sind ihre Freunde wir.
Pomponnet. Was seh' ich! Sie weinen, Clairette?
Clairette. Ich? nein!
Pomponnet. O doch! Ihr Auge spricht's!
Alle. Ja wohl, Du weinst.
Clairette. Nein, — 's ist nichts. —
Pitou (sich Clairette nähernd, leise aber dringend).
Wenn Reu' der Treulose nun empfände,
Regt sich Ihr Herz denn für mich nicht
und spricht —
Clairette (mit Leidenschaft).
Ja! Ihr Alle kennt mich nicht,
Vor Zorn vergoß ich Thränen,
Daß ich so schnöd' und jäh'
Um eines Schwindlers Willen
Verschmähte Pomponnet.
Die Hand ihm jetzt zu reichen,
Es wär' für mich ein Glück,
Doch ach, wie ich ihn kenne,
So weist er sie zurück.
Pomponnet. Nein, mein Täubchen,
Süßes Weibchen,

Hebst zum Himmel mich empor,
Und dem Leben,
Neu gegeben,
Lieb' ich mehr Dich als zuvor.

Alle. Welche Freude,
Wie sie Beide
Sich umarmen, glücklich, froh. —
Just so dachte
Und so machte
Es dereinst Madam' Angot.

Pitou. Hoffentlich wird die gleichen Sachen
Sie wie die Mutter Angot machen,
Warten wir mit Geduld.

Lange (zurückkehrend).
Ein Faß guten Wein für die Gäste,
Und auch zum Tanz' tönt Musik schon im Saal.

Pomponnet. Vereinen wir den lust'gen Ball
Gleich mit dem Hochzeitsfeste,

Lange. Wer soll die holde Braut denn sein?

Clairette. Wer? wer?
Mutter Angot war meine Amme,
Folg' als Kind fürwahr treu dem Stamme,
Seht mich an, bin just so,
Bin eb'n Mamsell Angot!

Ensemble.
Mutter Angot war ihre Amme,
Folgt als Kind fürwahr treu dem Stamme.
Seht sie an, ist just so,
's ist eb'n Mamsell Angot!

Ende.